KUCHÁRKA NA PRÍPRAVU ZDRAVÉHO JEDLA

100 ZDRAVÝCH RECEPTOV NA NÍZKOKALORICKÉ A 6 TÝŽDENNÝCH PLÁNOV STRAVOVANIA KROK ZA KROKOM

Terézia Vícenová

Všetky práva vyhradené.

Vylúčenie zodpovednosti

Informácie obsiahnuté v tomto eBooku majú slúžiť ako komplexná zbierka stratégií, o ktorých autor tohto eBooku robil prieskum. Zhrnutia, stratégie, tipy a triky sú len odporúčaniami autora a prečítanie tejto e-knihy vám nezaručí, že vaše výsledky budú presne odzrkadľovať autorove výsledky. Autor eKnihy vynaložil maximálne úsilie, aby poskytol aktuálne a presné informácie pre čitateľov eKnihy. Autor a jeho spolupracovníci nenesú zodpovednosť za žiadne neúmyselné chyby alebo opomenutia, ktoré môžu byť zistené. Materiál v eKnihe môže obsahovať informácie tretích strán. Materiály tretích strán obsahujú názory vyjadrené ich vlastníkmi. Ako taký, autor eKnihy nepreberá zodpovednosť za žiadne materiály alebo názory tretích strán. Či už z dôvodu rozvoja internetu alebo nepredvídaných zmien v politike spoločnosti a usmerneniach na predkladanie redakčných príspevkov, to, čo je uvedené ako fakt v čase písania tohto článku, môže byť neskôr neaktuálne alebo nepoužiteľné.

Elektronická kniha je chránená autorským právom © 2022 so všetkými právami vyhradenými. Je nezákonné redistribuovať, kopírovať alebo vytvárať odvodené diela z tejto eKnihy ako celku alebo jej častí. Bez výslovného písomného a podpísaného súhlasu autora nesmú byť žiadne časti tejto správy reprodukované ani opätovne prenášané v akejkoľvek forme.

OBSAH

OBSAH 3
ÚVOD 7
RAŇAJKY 8
    1. Mraznička na raňajky Burritos 9
    2. Ovos cez noc 12
    3. Vegetariánske raňajky upiecť 14
    4. Mraziace raňajkové sendviče 17
    5. Minimuffiny s banánovými oriešami 19
    6. Morčacie mäsové muffiny 22
    7. Fazuľový šalát Salsa 25
    8. Frittata balená zeleninou 27
    9. Celoamerické raňajky 29
    10. Raňajky plnené sladké zemiaky 32
    11. Čučoriedkové ovsené jogurtové palacinky 35
    12. Budhove misky na raňajky 38
    13. Mason jar chia pudingy 41
    14. Dúhový limetkový chia puding 43
    15. Tropický kokosový chia puding 45
    16. Čučoriedkovo citrónový tvarohový koláč ovos 47
    17. Raňajky croissantové sendviče 49
    18. Cesnakovo hubová ovsená kaša 51
    19. Miska na raňajky PB-ovsená kaša 54
    20. Proteínové vafle 56
    21. Mini-bagelová tyčinka z údeného lososa 58
SMOOTHIES 60
    22. Smoothie z bobuľovej repy 61
    23. Banánovo-arašidové maslo "mliečny koktail" 63
    24. Antioxidačné smoothie z acai berry 65
    25. Smoothie z bobuľového melónu 67

26. Smoothie z Čierneho lesa 69
27. Čučoriedkový koláč smoothie 71
28. Mrkvovo-zázvorové smoothie 73
29. Krémovo zelené smoothie bohyne 75
30. Záhradné kiwi smoothie 77
31. Zelené detoxikačné smoothie 79
32. Zelené proteínové smoothie 81
33. Smoothie z mrkvy a kurkumy 83
34. Broskyňové melba smoothie 85
35. Dúhové kokosové smoothie 87
36. Tropické zelené smoothie 90
37. Smoothie z tropickej quinoy 92

SNACK BOX **94**

38. Antipasto snack box pre dvoch 95
39. Buvolo-kurací zelerový snack box 97
40. Bistro box na kura a hummus 99
41. Čokoládovo-jahodové energetické kúsky 101
42. Lahôdkový snack box 104
43. Pochutiny na pizzu 106
44. Grécky cícerový šalát 108
45. Kapustové lupienky snack box 111
48. Mini tekvicové proteínové donuty 114
49. Dúhové hummusové zeleninové veterníky 117
50. Salsa snack box 120
51. Domáci hummus 123
52. Trail Mix 125
53. Pesto bez oleja 127
54. Vaječné muffiny 129
55. Tofu hryzenie 131
56. Kurací šalát 133
57. Tex-Mex Quinoa 135
58. Príprava tuniakového šalátu 138

TEPLÝ OBED **141**

59. Kuracie misky na burrito 142
60. Kuracie tikka masala 145
61. Kuracie misky grécke 148
62. Hovädzie misky na prípravu kórejského jedla 152
63. Kuracie mäso a polievka ramen 156
64. Murárska nádoba boloňská 159
65. Mason jar lasagne 162
66. Miso zázvorová detoxikačná polievka 166
67. Batáty plnené 169
68. Kórejské kuracie plnené zemiaky 171
69. Zemiaky plnené kapustou a červenou paprikou 174
70. Zemiaky plnené kuracím horčicou 177
71. Čierna fazuľa a plnené zemiaky Pico de Gallo 180
72. Cuketové rezance s morčacími fašírkami 183
73. Ľahké fašírky 186
74. 3-zložková polievka 188
75. Pomalý hrniec Salsa Turkey 190
76. Burrito-Bowl-In-A-Jar 192

STUDENÝ OBED 194

77. Misky na prípravu jedla Carnitas 195
78. Chicagský hot dog šalát 198
79. Rybie taco misy 201
80. Šalát z cobb zberu 205
81. Buffalo karfiolový šalát 209
82. Masonská nádoba na zrno z repy a ružičkového kelu .. 212
83. Mason jar brokolicový šalát 215
84. Mason jar kurací šalát 217
85. Mason jar Čínsky kurací šalát 220
86. Mason jar niçoise šalát 223
87. Misky pikantného tuniaka 226
88. Steak cobb šalát 229
89. Sladké zemiaky výživné misky 232
90. Thajské kuracie buddha misky 235

91. Thajské arašidové kuracie zábaly 239
92. Morčacie špenátové veterníky 242
93. Morčací taco šalát 244
94. Veľmi zelený murársky šalát 246
95. Cuketové misky na jarné závitky 249

MRAZNIČNÉ JEDLÁ 252

96. Tekvové lokše 253
97. Mrkvová zázvorová polievka 256
98. Syrový kastról s kuracím mäsom a brokolicou 259
99. Tortillová polievka s kuracím mäsom a quinoou 262
100. Morčacie tamale koláče s kukuričným chlebom 266

ZÁVER 270

ÚVOD

Príprava jedla je tajnou zbraňou všetkých tých bez námahy fit celebrít, ktoré sa túlajú po LA – práve to robia mnohí špičkoví súkromní šéfkuchári, aby udržali svojich klientov na správnej ceste a boli šťastní.

Príprava jedla uľahčuje perfektné porciované, nízkokalorické, celozrnné jedlo kedykoľvek na dosah ruky. Vďaka príprave jedla cez víkendy a rozdeleniu jedál do správnych porcií s kontrolovaným obsahom kalórií je rovnako ľahké chytiť si pripravenú kórejskú misku bibimbapu počas rušného týždňa, ako si vziať z obchodu, sodíkom nabitú verziu alebo vyberateľná, vysokokalorická verzia.

RAŇAJKY

1. Mraznička na raňajky Burritos

Výťažok 12 burritos

Ingrediencie

- ½ šálky (80 g) nakrájanej cibule
- 1 šálka (70 g) na kocky nakrájaných húb
- 2 šálky (80 g) nasekaného špenátu
- 2 šálky vajec (480 g) taco korenie (balíkové alebo domáce)
- 1 šálka (100 g) nakrájaných paradajok
- 12-16 oz. (340-450g) varená mletá morka/klobása
- 12 tortíl (nízkosacharidové, naklíčené zrno a celozrnná pšenica sú skvelé ľahké varianty)
- nízkotučný syr, voliteľné

Smery

a) Opečte cibuľu v malom spreji, kým nebude priehľadná a mäkká, len niekoľko minút. Pridajte huby a špenát. Špenát necháme zvädnúť.

b) Vajcia a bielka spolu vyšľaháme. Nalejte do vyhrievanej panvice a miešajte vajcia, kým sa neuvaria.

c) Pridajte mäso, taco korenie a paradajky, dobre premiešajte, aby sa spojili a obalili.

d) Naplňte tortilly zmesou a podľa potreby navrch pridajte štipku nízkotučného syra.

e) Tortilly poskladajte na burritos, zastrčte ich po stranách tak, aby náplň úplne uzatvorila, a zabaľte do plastovej fólie, aby ste udržali tvar. Zmraziť!

f) Keď ste pripravení si pochutnať, zohrejte v mikrovlnnej rúre asi 1-2 minúty a otočte do polovice.

2. Nočný ovos

Výnosy 1 rok

Ingrediencie

- ½ šálky (40 g) ovsa (postačí akýkoľvek druh!)
- ½ šálky (120 ml) mandľového mlieka (alebo mlieka podľa výberu)
- 1 odmerka čokoládového proteínového prášku (voliteľné)
- ¼ šálky (75 g) roztlačených banánov
- 2 lyžice gréckeho jogurtu
- 1 polievková lyžica arašidového masla
- stévia, med alebo sladidlo podľa chuti

Smery

a) Zmiešajte všetky ingrediencie v pohári, upravte sladkosť a textúru podľa chuti.

b) Nádobu vložte do chladničky cez noc alebo aspoň na 4 hodiny.

c) Vyberte z chladničky a zhltnite studený!

d) Pripravte si 5 dní vopred a skladujte v chladničke.

3. Vegetariánske raňajky, pečenie

Výťažok 12 porcií

Ingrediencie

- 1 šálka (160 g) cibule, nakrájanej
- 1 polievková lyžica mletého cesnaku
- 4 oz. (115 g) nakrájané šampiňóny
- 1 balenie mrazeného špenátu alebo 1 vrecko čerstvého (254g)
- 1 10 oz. (280 g) vrecúška mrazenej brokolice, rozmrazená
- 4 plátky (112 g) celozrnného chleba alebo chleba z naklíčených zŕn, nakrájané na kocky (asi $\frac{1}{2}$")
- 4 vajcia
- 3 šálky (720 g) vaječných bielkov/náhrada
- 2 šálky (480 ml) mandľového mlieka
- $\frac{1}{2}$ šálky (60 g) švajčiarskeho syra
- $\frac{1}{2}$ lyžičky muškátového orieška
- $\frac{3}{4}$ lyžičky soli (podľa chuti)
- $\frac{1}{2}$ lyžičky korenia (podľa chuti)
- $\frac{1}{2}$ šálky (60 g) nízkotučného syra čedar

Smery

a) Cibuľu, cesnak, šampiňóny a špenát orestujte na panvici pomocou spreja na varenie (môžete použiť olej, ale nutričné údaje sa budú líšiť). Skombinujte s rozmrazenou brokolicou. Odložte bokom.

b) Rozložte kocky chleba na dno zapekacej misy.

c) Vyšľaháme vajcia, bielka/náhradku, mandľové mlieko, švajčiarsky syr, muškátový oriešok, soľ a korenie.

d) Na chlieb navrstvite zeleninu, pričom podľa svojich možností zachovajte 2 vrstvy.

e) Celý pekáč polejeme vaječnou zmesou, pričom obe vrstvy chleba/zeleniny úplne zakryjeme.

f) Prikryte a nechajte cez noc v chladničke (asi 8 hodín).

g) Ráno predhrejte rúru na 350F (180C). Pečieme posypeme syrom čedar. Pečieme 50-60 minút, kým syr nezačne hnednúť a vajíčka sa uvaria.

h) Zhltnite teplé, uložte na zohriatie alebo si vychutnajte studené neskôr!

i) V chladničke vydrží 5 dní, v mrazničke 3-4 mesiace.

4. Mraziace raňajkové sendviče

Výťažok 6 sendvičov

Ingrediencie

- 1 ½ šálky vajec (360 g) alebo bielkov/náhrada, ochutených soľou a korením
- 6 anglických muffinov (celozrnné alebo naklíčené zrno)
- 12 plátkov lahôdkového kuracieho mäsa alebo šunky
- 6 plátkov na tenké plátky nakrájaného syra čedar

Smery

a) Predhrejte rúru na 375F (190C).

b) Postriekajte 6 malých nádob sprejom na varenie a do každého nalejte ¼ šálky (60 g) vaječnej zmesi. Pečieme 15-20 minút, kým úplne stuhne. Odstavíme a necháme vychladnúť.

c) Po vychladnutí na dotyk zostavte sendviče. Na spodok anglického muffinu položte vajíčko , potom 2 plátky lahôdkového mäsa, 1 plátok tenkého syra čedar a vrch muffinu.

d) Zabaľte do plastovej fólie a preneste do väčšieho plastového vrecka alebo plastovej nádoby.

5. Mini-muffiny z banánových orechov

Výťažok 24 mini muffinov

Ingrediencie

- 2 banány, roztlačené
- 1 vajce
- ¾ šálky (60 g) ovsenej múky
- 2 lyžice arašidového masla
- 1 lyžička vanilky
- ¾ lyžičky prášku do pečiva
- ½ lyžičky škorice
- 1-2 polievkové lyžice stévie alebo granulovaného sladidla podľa chuti
- ¼ šálky (30 g) drvených vlašských orechov plus ďalšie na polevu, ak je to potrebné

Smery

a) Predhrejte rúru na 375F (190C).

b) Všetky ingrediencie spolu zmiešame, dobre premiešame. Upravte sladkosť podľa chuti – banány sú skvelým prírodným sladidlom, takže ich možno nebudete potrebovať veľa!

c) Preneste do mini formy na muffiny, ktorá bola postriekaná sprejom na varenie a naplňte ju asi do ¾ cesta.

d) Pečte 10-12 minút, kým špáradlo nevyjde čisté a nebudú svetlohnedé.

e) Pred vybratím z panvice a konzumáciou nechajte mierne vychladnúť!

f) V chladničke vydrží 1 týždeň, v mrazničke 2-3 mesiace.

6. Morčacie mäsové muffiny

Výťažok 24 mini sekaných muffinov

Ingrediencie

- 20 oz. (600 g) extra chudé mleté morčacie prsia
- ½ šálky (120 g) vaječných bielkov
- ½ šálky (40 g) ovsených vločiek
- 1 lyžička žltej horčice
- 1 lyžička dijonskej horčice
- 1 šálka (40 g) nasekaného špenátu
- ½ šálky (80 g) cibule
- ¼ šálky (45 g) červenej papriky
- ¼ šálky (25 g) zeleru
- 1 lyžička mletého cesnaku
- ½ lyžičky cesnakového prášku soľ a korenie podľa chuti

Smery

a) Predhrejte rúru na 350 F (180 C).

b) Všetky ingrediencie zmiešame v miske.

c) Mäsovú zmes rozdeľte do mini formy na muffiny postriekanej sprejom na varenie – na distribúciu sa dobre hodí naberačka na 1 polievkovú lyžicu.

d) Pečieme asi 15-20 minút.

e) V chladničke vydrží 5 dní, v mrazničke 3-4 mesiace.

7. Salsa fazuľový šalát

Výťažok asi 8 šálok

Ingrediencie

- 1 15 oz. konzerva (425g) čierna fazuľa, scedená/prepláchnutá
- 1 15 oz. konzerva (425 g) fazuľa garbanzo alebo biela fazuľa, scedená/prepláchnutá
- 1 15 oz. konzerva (425g) žltá kukurica, scedená/prepláchnutá
- 1 10 oz. konzerva (280 g) nakrájané paradajky a čili
- 1 polievková lyžica mletého cesnaku
- ½ šálky (115 g) nakrájanej zelenej cibule
- 2 lyžice koriandra
- ½ šálky (240 ml) mojo marinády

Smery

a) Všetky ingrediencie spolu zmiešame v miske.

b) Nechajte niekoľko hodín stuhnúť v chladničke.

c) V chladničke vydrží až týždeň.

8. Frittata zabalená do zeleniny

Výťažok 1 porcie

Ingrediencie

- 1-2 šálky (180-360g) nakrájanej zeleniny
- ½ šálky (20 g) nasekaného špenátu
- ¾ šálky (180 g) vaječných bielkov ochutených soľou a korením
- Salsa na polevu

Smery

a) Predhrejte rúru na grilovanie.

b) Zohrejte veľkú panvicu na stredne vysokú teplotu. Nastriekajte nepriľnavým sprejom na varenie.

c) Pridajte zeleninu a špenát. Orestujte na panvici 3-5 minút, kým zelenina nezmäkne a špenát nezvädne.

d) Nalejte vaječnú zmes do panvice. Nechajte dno stuhnúť (3-4 minúty). Pomocou špachtle obíďte obvod fritty a zdvihnite nastavené vajíčko.

e) vložte panvicu do brojlera na 3 minúty.

f) Opatrne vyberte a položte na tanier. Nakrájajte a podávajte so salsou!

9. Celoamerické raňajky

Ingrediencie

- 12 uncí červenohnedých zemiakov, nakrájaných na kocky
- 3 lyžice olivového oleja, rozdelené
- 2 strúčiky cesnaku, mleté
- ½ lyžičky sušeného tymiánu
- Košer soľ a čerstvo mleté čierne korenie podľa chuti
- 8 veľkých vajec, zľahka rozšľahaných
- ¼ šálky strúhanej zmesi mexického syra so zníženým obsahom tuku
- 4 plátky slaniny
- 12 uncí ružičiek brokolice (2 až 3 šálky)

Smery

a) Predhrejte rúru na 400 stupňov F. Plech na pečenie zľahka naolejujte alebo natrite nepriľnavým sprejom.

b) Na pripravenom plechu premiešajte zemiaky s 1 polievkovou lyžicou olivového oleja, cesnakom a tymianom; dochutíme soľou a korením. Usporiadajte v jednej vrstve. Pečte 25 až 30 minút, kým nie sú zlatohnedé a chrumkavé; odložiť.

c) Zohrejte zvyšné 2 lyžice olivového oleja vo veľkej panvici na strednej vysokej teplote. Pridajte vajcia a šľahajte, kým nezačnú tuhnúť. Dochuťte soľou a korením a pokračujte vo varení, kým nezhustne a nezostanú žiadne viditeľné tekuté vajcia, 3 až 5 minút. Navrch poukladáme syr, preložíme do misky a odložíme.

d) Pridajte slaninu na panvicu a varte do hneda a chrumkava, 6 až 8 minút. Preložíme na papierovou utierkou vystlaný tanier.

e) Medzitým vložte ružičky brokolice do parného hrnca alebo cedníka nastaveného na asi palec vriacej vody na panvici. Zakryte a nechajte dusiť 5 minút, alebo kým nebudú chrumkavé a žiarivo zelené.

f) Rozdeľte zemiaky, vajcia, slaninu a brokolicu do nádob na prípravu jedla. Prikryté vydrží v chladničke 3 až 4 dni. Ohrievajte v mikrovlnnej rúre v 30-sekundových intervaloch, kým sa neprehreje.

10. Raňajky plnené sladké zemiaky

Ingrediencie

- 2 stredné sladké zemiaky
- 1 lyžica olivového oleja
- 2 lyžice červenej papriky nakrájanej na kocky
- 1 strúčik cesnaku, mletý
- ½ lyžičky drvených vločiek červenej papriky
- 4 šálky baby špenátu
- 4 veľké vajcia, zľahka rozšľahané
- 1 lyžička talianskeho korenia
- Košer soľ a čerstvo mleté čierne korenie podľa chuti
- ½ šálky strúhaného syra čedar so zníženým obsahom tuku
- 1 polievková lyžica nasekanej čerstvej pažítky (voliteľné)

Smery

a) Predhrejte rúru na 400 stupňov F. Zemiaky položte na plech a pečte 45 minút až 1 hodinu, kým nie sú mäkké a ľahko prepichnuté vidličkou. Nechajte postáť, kým dostatočne nevychladne, aby sa dalo zvládnuť. Nevypínajte rúru.

b) Každý zemiak rozrežte vodorovne na polovicu, potom opatrne vydlabte stred každej polovice a nechajte asi ½ palca zemiaka na šupke. Dužinu si rezervujte na ďalšie použitie.

c) Vo veľkej panvici zohrejte olivový olej na stredne vysokú teplotu. Pridajte papriku a varte za častého miešania, kým nezmäkne, 3 až 4 minúty. Vmiešajte cesnak a vločky červenej papriky a potom špenát a miešajte, kým nezvädne, 2 až 3 minúty. Pridajte vajcia a talianske korenie; varte za občasného miešania vareškou, kým nestuhne, 2 až 3 minúty; dochutíme soľou a korením podľa chuti.

d) Vaječnú zmes pridáme k zemiakovým šupkám a posypeme syrom. Položte späť na plech a pečte v rúre vyhriatej na 400 stupňov 5 minút, alebo kým sa syr neroztopí.

e) Porcia do nádob na prípravu jedla. Prikryté vydrží v chladničke 3 až 4 dni. Ohrievajte v mikrovlnnej rúre v 30-

sekundových intervaloch, kým sa neprehreje. Ak chcete, ozdobte pažítkou a podávajte.

11. Čučoriedkové ovsené jogurtové palacinky

Ingrediencie

- ½ plus ⅓ šálky bielej celozrnnej múky
- ½ šálky staromódneho ovsa
- 1 ½ lyžičky cukru
- ½ lyžičky prášku do pečiva
- ½ lyžičky sódy bikarbóny
- ¼ lyžičky kóšer soli
- ¾ šálky gréckeho jogurtu
- ½ šálky 2% mlieka
- 1 lyžička olivového oleja
- 1 veľké vajce
- ½ šálky čučoriedok
- 12 jahôd, nakrájaných na tenké plátky
- 2 kivi, olúpané a nakrájané na tenké plátky
- ¼ šálky javorového sirupu

Smery

a) Predhrejte nepriľnavú panvicu na 350 stupňov F alebo zahrejte nepriľnavú panvicu na stredne vysokú teplotu. Zľahka natrite panvicu alebo panvicu nepriľnavým sprejom.

b) Vo veľkej mise zmiešajte múku, ovos, cukor, prášok do pečiva, sódu bikarbónu a soľ. Vo veľkej sklenenej odmerke alebo inej miske rozšľaháme jogurt, mlieko, olivový olej a vajíčko. Mokrou zmesou nalejeme na suché ingrediencie a miešame gumenou stierkou len do vlhka. Pridajte čučoriedky a jemne premiešajte, aby sa spojili.

c) Pracujeme v dávkach, naberáme ⅓ šálky cesta na každú palacinku na panvicu a varíme, kým sa na vrchu neobjavia bublinky a spodná strana bude pekne zhnednutá, asi 2 minúty. Otočte a opečte palacinky z druhej strany o 1 až 2 minúty dlhšie.

d) Rozdeľte palacinky, jahody, kivi a javorový sirup do nádob na prípravu jedla. Prikryté vydrží v chladničke 3 až 4 dni. Na opätovné zahriatie vložte do mikrovlnnej rúry v 30-sekundových intervaloch, kým sa nezahreje.

12. Buddhove raňajkové misky

Ingrediencie

- 2 šálky zeleninového vývaru s nízkym obsahom sodíka
- 1 šálka hnedej ryže
- ¼ šálky čerstvo nastrúhaného parmezánu
- 1 lyžička sušeného tymiánu
- Košer soľ a čerstvo mleté čierne korenie podľa chuti
- 1 šálka ružičkového kelu
- 1 šálka cherry paradajok
- 8 uncí krémových húb
- 2 lyžice olivového oleja
- 3 strúčiky cesnaku, mleté
- 1 lyžička talianskeho korenia
- 4 veľké vajcia
- 2 lyžice nasekanej čerstvej pažítky (voliteľné)

Smery

a) Vo veľkom hrnci so zeleninovým vývarom uvaríme ryžu podľa návodu na obale. Vmiešame parmezán a tymián a dochutíme soľou a korením podľa chuti.

b) Predhrejte rúru na 400 stupňov F. Plech na pečenie zľahka naolejujte alebo natrite nepriľnavým sprejom.

c) Na pripravenom plechu kombinujte ružičkový kel, paradajky a šampiňóny s olivovým olejom, cesnakom a talianskym korením; dochutíme soľou a korením. Jemne premiešajte, aby ste ich spojili a usporiadali do jednej vrstvy. Pečte 13 až 14 minút, kým klíčky nezmäknú.

d) Medzitým vložte vajcia do malého hrnca a zakryte ich studenou vodou o 1 palec. Priveďte do varu a varte 1 minútu. Panvicu zakryte tesne priliehajúcim vekom a odstráňte ju z ohňa; nechajte pôsobiť 5 až 6 minút. Opláchnite vajcia pod studenou vodou po dobu 30 sekúnd, aby ste zastavili varenie. Ošúpeme a prekrojíme na polovicu.

e) Rozdeľte ryžu do nádob na prípravu jedla. Navrch poukladáme ružičkový kel, paradajky, šampiňóny a vajíčka a podľa potreby ozdobíme pažítkou. Prikryté vydrží v chladničke 2 až 3 dni. Ohrievajte v mikrovlnnej rúre v 30-sekundových intervaloch, kým sa neprehreje.

13. Mason jar chia pudingy

Ingrediencie

- 1 ¼ šálky 2% mlieka
- 1 šálka 2% čistého gréckeho jogurtu
- ½ šálky chia semienok
- 2 polievkové lyžice medu
- 2 polievkové lyžice cukru
- 1 lyžica pomarančovej kôry
- 2 čajové lyžičky vanilkového extraktu
- ¾ šálky delených pomarančov
- ¾ šálky delených mandarínok
- ½ šálky deleného grapefruitu

Smery

a) Vo veľkej miske vyšľaháme mlieko, grécky jogurt, chia semienka, med, cukor, pomarančovú kôru, vanilku a soľ, kým sa dobre nespoja.

b) Zmes rovnomerne rozdeľte do štyroch (16-uncových) murárskych pohárov. Uchovávajte v chladničke cez noc alebo až 5 dní.

c) Podávajte studené, preliate pomarančmi, mandarínkami a grapefruitom.

14. Dúhový limetkový chia puding

Ingrediencie

- 1 ¼ šálky 2% mlieka
- 1 šálka 2% čistého gréckeho jogurtu
- ½ šálky chia semienok
- 2 polievkové lyžice medu
- 2 polievkové lyžice cukru
- 2 čajové lyžičky limetkovej kôry
- 2 polievkové lyžice čerstvo vylisovanej limetkovej šťavy
- 1 lyžička vanilkového extraktu
- 1 šálka nakrájaných jahôd a čučoriedok
- ½ šálky na kocky nakrájaného manga a ½ šálky na kocky nakrájaného kiwi

Smery

a) Vo veľkej mise vyšľaháme mlieko, jogurt, chia semienka, med, cukor, limetkovú kôru, limetkovú šťavu, vanilku a soľ, kým sa dobre nespoja.

b) Zmes rovnomerne rozdeľte do štyroch (16-uncových) murárskych pohárov. Zakryte a nechajte v chladničke cez noc alebo až 5 dní.

c) Podávame studené, poliate jahodami, mangom, kiwi a čučoriedkami.

15. Tropický kokosový chia puding

Ingrediencie

- 1 (13,5 unca) plechovka kokosového mlieka
- 1 šálka 2% čistého gréckeho jogurtu
- ½ šálky chia semienok
- 2 polievkové lyžice medu
- 2 polievkové lyžice cukru
- 1 lyžička vanilkového extraktu
- Štipka kóšer soli
- 1 šálka manga nakrájaného na kocky
- 1 šálka na kocky nakrájaného ananásu
- 2 lyžice strúhaného kokosu

Smery

a) Vo veľkej miske vyšľaháme kokosové mlieko, jogurt, chia semienka, med, cukor, vanilku a soľ, kým sa dobre nespoja.

b) Zmes rovnomerne rozdeľte do štyroch (16-uncových) murárskych pohárov. Zakryte a nechajte v chladničke cez noc alebo až 5 dní.

c) Podávame studené, preliate mangom a ananásom a posypané kokosom.

16.   Čučoriedkovo citrónový tvarohový ovos

Ingrediencie

- ¼ šálky odtučneného gréckeho jogurtu
- 2 lyžice čučoriedkového jogurtu
- ¼ šálky čučoriedok
- 1 lyžička strúhanej citrónovej kôry
- 1 lyžička medu

Smery

a) Skombinujte ovos a mlieko v 16-uncovej nádobe na murivo; navrch položte požadované polevy.

b) Uchovávajte v chladničke cez noc alebo až 3 dni; podávať studené.

17.   Raňajky croissantové sendviče

Ingrediencie

- 1 lyžica olivového oleja
- 4 veľké vajcia, zľahka rozšľahané
- Košer soľ a čerstvo mleté čierne korenie podľa chuti
- 8 mini croissantov, rozpolených vodorovne
- 4 unce šunky nakrájanej na tenké plátky
- 4 plátky syra čedar, rozpolené

Smery

a) Vo veľkej panvici zohrejte olivový olej na stredne vysokú teplotu. Pridajte vajcia a varte, jemne miešajte silikónovou alebo žiaruvzdornou špachtľou, kým nezačnú tuhnúť; dochutíme soľou a korením. Pokračujte vo varení, kým nezhustne a nezostanú žiadne viditeľné tekuté vajcia, 3 až 5 minút.

b) Naplňte croissanty vajíčkami, šunkou a syrom, aby ste vytvorili 8 sendvičov. Pevne zabaľte do plastovej fólie a zmrazte až na 1 mesiac.

c) Na opätovné zahriatie odstráňte plastový obal z mrazeného sendviča a zabaľte ho do papierovej utierky. Mikrovlnná rúra s preklopením do polovice na 1 až 2 minúty, kým sa úplne nezahreje.

18. Cesnakovo hubová ovsená kaša

Ingrediencie

- 2 šálky staromódneho rolovaného ovsa
- Košer soľ a čerstvo mleté čierne korenie podľa chuti
- 1 lyžica olivového oleja
- 4 strúčiky cesnaku, mleté
- ¼ šálky šalotky nakrájanej na kocky
- 8 uncí krémových húb, nakrájaných na tenké plátky
- ½ šálky mrazeného hrášku
- 1 lyžička sušeného tymiánu
- ½ lyžičky sušeného rozmarínu
- 2 šálky baby špenátu
- Nastrúhaná kôra z 1 citróna
- ¼ šálky čerstvo nastrúhaného parmezánu (voliteľné)

Smery

a) Zmiešajte ovos, 3 ½ šálky vody a štipku soli v malom hrnci na strednom ohni. Varte za občasného miešania, kým ovos nezmäkne, asi 5 minút.

b) Vo veľkej panvici zohrejte olivový olej na stredne vysokú teplotu. Pridajte cesnak a šalotku a varte za častého miešania, kým nezavonia, asi 2 minúty. Pridajte huby, hrášok, tymian a rozmarín a varte za občasného miešania, kým nezmäknú a nezhnednú, 5 až 6 minút; dochutíme soľou a korením. Špenát miešame, kým nezvädne, asi 2 minúty.

c) Vmiešajte ovos a citrónovú kôru do zeleniny, kým sa dobre nespoja. Rozdeľte zmes do nádob na prípravu jedla a podľa potreby ozdobte parmezánom. Uložte do chladničky na 3 dni.

d) Pri podávaní zamiešajte až ¼ šálky vody po 1 polievkovej lyžici, kým nedosiahnete požadovanú konzistenciu. Ovsené vločky sa potom môžu ohrievať v mikrovlnnej rúre v 30-sekundových intervaloch, kým sa neprehrejú.

19.   PB-Miska na raňajky s ovsenými vločkami

Ingrediencie

- ½ šálky staromódneho ovsa
- Štipka kóšer soli
- 2 lyžice malín
- 2 lyžice čučoriedok
- 1 lyžica nasekaných mandlí
- ½ lyžičky chia semienok
- 1 banán, nakrájaný na tenké plátky
- 2 čajové lyžičky arašidového masla, zahriateho

Smery

a) Zmiešajte 1 šálku vody, ovos a soľ v malom hrnci. Varte na strednom ohni za občasného miešania, kým ovos nezmäkne, asi 5 minút.

b) Pridajte ovsené vločky do nádoby na prípravu jedla. Navrch dajte maliny, čučoriedky, mandle, chia semienka a banán a pokvapkajte teplým arašidovým maslom. Uchováva sa prikryté v chladničke 3 až 4 dni.

c) Ovsené vločky môžeme podávať studené alebo ohriate. Ohrievajte v mikrovlnnej rúre v 30-sekundových intervaloch, kým sa neprehreje.

20. Proteínové energetické vafle

Ingrediencie

- 6 veľkých vajec
- 2 šálky tvarohu
- 2 šálky staromódneho rolovaného ovsa
- ½ lyžičky vanilkového extraktu
- Štipka kóšer soli
- 3 šálky odtučneného bieleho jogurtu
- 1 ½ šálky malín
- 1 ½ šálky čučoriedok

Smery

a) Predhrejte vaflovú žehličku na stredne vysokú. Zľahka naolejujte hornú a spodnú časť žehličky alebo potiahnite nepriľnavým sprejom.

b) Zmiešajte vajcia, tvaroh, ovos, vanilku a soľ v mixéri a rozmixujte do hladka.

c) Nalejte malú ½ šálky vaječnej zmesi do vaflového železa, jemne zatvorte a varte do zlatohneda a chrumkava 4 až 5 minút.

d) Vložte vafle, jogurt, maliny a čučoriedky do nádob na prípravu jedla.

21. Mini bagel z údeného lososa

Ingrediencie

- ¼ šálky ⅓ - menej tučného smotanového syra pri izbovej teplote
- 1 zelená cibuľa, nakrájaná na tenké plátky
- 1 lyžica nasekaného čerstvého kôpru
- 1 lyžička strúhanej citrónovej kôry
- ¼ lyžičky cesnakového prášku
- 4 celozrnné mini bagely
- 8 uncí údeného lososa
- ½ šálky na tenké plátky nakrájanej anglickej uhorky
- ½ šálky na tenké plátky nakrájanej červenej cibule
- 2 slivkové paradajky nakrájané na tenké plátky
- 4 lyžičky kapary, scedené a opláchnuté

Smery

a) V malej miske zmiešajte smotanový syr, zelenú cibuľu, kôpor, citrónovú kôru a cesnakový prášok.

b) Vložte syrovú zmes, bagely, lososa, uhorku, cibuľu, paradajky a kapary do nádob na prípravu jedla a podľa potreby pridajte kolieska citróna. Tieto sa uchovávajú v chladničke až 2 dni.

SMOOTHIES

22. Smoothie z bobuľovej repy

Ingrediencie

NA PRÍPRAVU

- 1 (9 uncí) balenie varenej repy
- 1 šálka mrazených jahôd
- 1 šálka mrazených malín
- 1 lyžica chia semienok

SLÚŽIŤ

- 1 šálka nesladeného vanilkového mandľového mlieka
- ½ šálky 2% gréckeho jogurtu
- 2 polievkové lyžice medu
- 1 lyžička vanilkového extraktu

Smery

a) Zmiešajte repu, jahody, maliny a chia semienka vo veľkej miske. Rozdeľte medzi 4 mraziace vrecká na zips. Zmrazte až na mesiac, kým nie je pripravené na podávanie.

b) Vložte obsah jedného vrecka do mixéra a pridajte ¼ šálky mandľového mlieka, 2 lyžice jogurtu, 1 ½ lyžičky medu a ¼ lyžičky vanilky. Miešajte do hladka. Ihneď podávajte.

23.   Banánovo-arašidové maslo "milkshake"

Ingrediencie

NA PRÍPRAVU

- 3 stredné banány, nakrájané na plátky
- ⅓ šálky prášku arašidového masla (napríklad PB2)
- ⅓ šálky vanilkového proteínového prášku
- 3 datle bez kôstky
- ¼ lyžičky mletej škorice

SLÚŽIŤ

- 1 šálka nesladeného mandľového mlieka
- ½ šálky gréckeho jogurtu
- škorica (voliteľné)

Smery

a) Zmiešajte banány, PB prášok, proteínový prášok, datle a škoricu vo veľkej miske. Rozdeľte medzi 5 mraziacich vreciek na zips a zmrazte až na mesiac, kým nie sú pripravené na podávanie

b) Vložte obsah jedného vrecka do mixéra a pridajte štedré 3 lyžice mandľového mlieka, 1 ½ lyžice jogurtu a ¼ šálky ľadu.

Miešajte do hladka. Posypte škoricou, ak používate, a ihneď podávajte.

24.   Antioxidačné smoothie z acai berry

Ingrediencie

NA PRÍPRAVU

- 2 (3,88 unce) balenia mrazeného acai pyré, rozmrazené
- 1 šálka mrazených malín
- 1 šálka mrazených čučoriedok
- 1 šálka mrazených černíc
- 1 šálka mrazených jahôd
- ½ šálky semien granátového jablka

SLÚŽIŤ

- 1½ šálky šťavy z granátového jablka

Smery

a) Zmiešajte acai, maliny, čučoriedky, černice, jahody a semená granátového jablka vo veľkej miske. Rozdeľte zmes medzi 4 mraziace vrecká so zipsom. Zmrazte až na mesiac, kým nie je pripravené na podávanie.

b) Vložte obsah jedného vrecka do mixéra, pridajte štedrú ⅓ šálku šťavy z granátového jablka a rozmixujte do hladka. Ihneď podávajte.

25. Smoothie z bobuľového melónu

Ingrediencie

NA PRÍPRAVU

- 4 šálky mrazeného vodného melóna nakrájaného na kocky
- 2 šálky melónu nakrájaného na kocky
- 1 šálka mrazených malín
- ⅓ šálky balených čerstvých lístkov mäty

SLÚŽIŤ

- 1 šálka kokosovej vody
- 4 lyžice čerstvej limetkovej šťavy
- 2 polievkové lyžice medu

Smery

a) Skombinujte melón, melón, maliny a mätu vo veľkej miske. Rozdeľte medzi 4 mraziace vrecká na zips a zmrazte až na mesiac, kým nie sú pripravené na podávanie.

b) NA PRÍPRAVU JEDNEJ PORCIE: Vložte obsah jedného vrecka do mixéra a pridajte ¼ šálky kokosovej vody, 1 polievkovú lyžicu limetkovej šťavy a 1 ½ čajovej lyžičky medu. Miešajte do hladka. Ihneď podávajte.

26.   Smoothie z čierneho lesa

Ingrediencie

NA PRÍPRAVU

- 1 (16 uncí) vrecko mrazených sladkých čerešní bez kôstok
- 2 šálky baby špenátu
- 2 lyžice kakaového prášku
- 1 lyžica chia semienok

SLÚŽIŤ

- 1 šálka nesladeného čokoládového mandľového mlieka
- ¾ šálky vanilky 2% gréckeho jogurtu
- 3 lyžice javorového sirupu
- 1 lyžička vanilkového extraktu

Smery

a) Zmiešajte čerešne, špenát, kakaový prášok a chia semienka vo veľkej miske. Rozdeľte medzi 4 mraziace vrecká na zips. Zmrazte až na mesiac, kým nie je pripravené na podávanie.

b) NA PRÍPRAVU JEDNEJ PORCIE: Obsah jedného vrecka vložte do mixéra a pridajte ¼ šálky mandľového mlieka, 3 lyžice jogurtu, ¾ lyžičky javorového sirupu a ¼ lyžičky vanilky. Miešajte do hladka. Ihneď podávajte.

27. Smoothie z čučoriedkového koláča

Ingrediencie

NA PRÍPRAVU

- 2 ½ šálky mrazených čučoriedok
- 1 banán, nakrájaný na plátky
- 2 celé škoricové grahamové sušienky, nalámané na kúsky
- 1 lyžica mandľového masla

SLÚŽIŤ

- 1 šálka nesladeného vanilkového mandľového mlieka
- ½ šálky 2% gréckeho jogurtu
- 3 lyžičky medu

Smery

a) Zmiešajte čučoriedky, banán, grahamové sušienky a mandľové maslo vo veľkej miske. Rozdeľte medzi 4 mraziace vrecká na zips. Zmrazte až na mesiac, kým nie je pripravené na podávanie.

b) NA PRÍPRAVU JEDNEJ PORCIE: Obsah jedného vrecka vložte do mixéra a pridajte ¼ šálky mandľového mlieka, 2 polievkové lyžice jogurtu a ¾ čajovej lyžičky medu. Miešajte do hladka. Ihneď podávajte.

28.   Mrkvovo-zázvorové smoothie

Ingrediencie

NA PRÍPRAVU

- 2 pupkové pomaranče, ošúpané, nakrájané a odstránené semienka
- 2 šálky mrazenej nakrájanej mrkvy
- 1 ½ šálky mrazeného ananásu nakrájaného na kocky
- 1 polievková lyžica jemne nasekaného olúpaného čerstvého zázvoru

SLÚŽIŤ

- 1 šálka mrkvovej šťavy
- 1 šálka vanilkového gréckeho jogurtu
- 3 lyžičky medu

Smery

a) Zmiešajte pomaranče, mrkvu, ananás a zázvor vo veľkej miske. Rozdeľte medzi 4 mraziace vrecká na zips. Zmrazte až na mesiac, kým nie je pripravené na podávanie.

b) NA PRÍPRAVU JEDNEJ PORCIE: Vložte obsah jedného vrecka do mixéra a pridajte ¼ šálky mrkvovej šťavy, ¼ šálky jogurtu a ¾ lyžičky medu. Miešajte do hladka. Ihneď podávajte.

29. Krémovo zelené smoothie bohyne

Ingrediencie

NA PRÍPRAVU

- 1 avokádo, rozpolené, odkôstkované a olúpané
- 2 šálky baby špenátu
- 2 šálky baby kapusty
- 1 ½ šálky ananásu nakrájaného na kocky
- 1 šálka nasekaného cukrového hrášku
- ⅓ šálky vanilkového proteínového prášku

SLÚŽIŤ

- 1 ½ šálky nesladeného mandľového mlieka

Smery

a) Zmiešajte avokádo, špenát, kel, ananás, hrášok a proteínový prášok vo veľkej miske. Rozdeľte medzi 6 mraziacich vreciek na zips. Zmrazte až na mesiac, kým nie je pripravené na podávanie.

b) NA PRÍPRAVU JEDNEJ PORCIE: Vložte obsah jedného vrecka do mixéra a pridajte ¼ šálky mandľového mlieka. Miešajte do hladka. Ihneď podávajte.

30.   Záhradné kiwi smoothie

Ingrediencie

NA PRÍPRAVU

- 4 kiwi, olúpané a nakrájané na plátky
- 2 šálky baleného baby špenátu
- 1 šálka nakrájaného banánu
- 2 lyžice chia semienok

SLÚŽIŤ

- 1 šálka vanilkového gréckeho jogurtu
- 1 hlava bostonského šalátu
- 3 perzské uhorky, nakrájané na plátky

Smery

a) Zmiešajte kivi, špenát, banán a chia semienka vo veľkej miske. Rozdeľte medzi 4 mraziace vrecká na zips. Zmrazte až na mesiac, kým nie je pripravené na podávanie.

b) NA PRÍPRAVU JEDNEJ PORCIE: Vložte obsah jedného vrecka do mixéra a pridajte $\frac{1}{4}$ šálky jogurtu, $\frac{1}{2}$ šálky natrhaných šalátových listov a nakrájanú uhorku. Miešajte do hladka. Ihneď podávajte.

31. Zelené detoxikačné smoothie

Ingrediencie

NA PRÍPRAVU

- 2 šálky baby špenátu
- 2 šálky baby kapusty
- 2 stonky zeleru, nakrájané
- 1 stredne veľké zelené jablko zbavené jadierok a nakrájané
- 1 šálka nakrájaného banánu
- 1 lyžica strúhaného čerstvého zázvoru
- 1 lyžica chia semienok

SLÚŽIŤ

- 1 šálka nesladeného mandľového mlieka
- 3 lyžičky medu

Smery

a) Zmiešajte špenát, kel, zeler, jablko, banán, zázvor a chia semienka vo veľkej miske. Rozdeľte medzi 4 mraziace vrecká na zips. Zmrazte až na mesiac, kým nie je pripravené na podávanie.

b) NA PRÍPRAVU JEDNEJ PORCIE: Obsah jedného vrecka vložte do mixéra a pridajte $\frac{1}{4}$ šálky mandľového mlieka a $\frac{3}{4}$ lyžičky medu. Miešajte do hladka. Ihneď podávajte.

32. Zelené proteínové smoothie

Ingrediencie

NA PRÍPRAVU

- 3 šálky baby špenátu
- 1 banán, nakrájaný na plátky
- ½ avokáda bez kôstok a ošúpaných
- ½ šálky čučoriedok
- 2 hrste čerstvej petržlenovej vňate
- 8 polievkových lyžíc vanilkového proteínového prášku

SLÚŽIŤ

- 1 šálka nakrájanej uhorky
- ¾ šálky nesladeného mandľového mlieka

Smery

a) Zmiešajte špenát, banán, avokádo, čučoriedky, petržlenovú vňať a proteínový prášok vo veľkej miske. Rozdeľte medzi 4 mraziace vrecká na zips. Zmrazte až na mesiac, kým nie je pripravené na podávanie.

b) NA PRÍPRAVU JEDNEJ PORCIE: Obsah jedného vrecka vložte do mixéra a pridajte ¼ šálky uhorky a 3 polievkové lyžice mandľového mlieka. Miešajte do hladka. Ihneď podávajte.

33. Smoothie z mrkvy a kurkumy

Ingrediencie

NA PRÍPRAVU

- 1 šálka nakrájanej mrazenej mrkvy
- 1 banán, nakrájaný na plátky
- 1 stredne veľké zelené jablko zbavené jadierok a nakrájané
- 1 (1-palcový) kúsok čerstvého zázvoru, olúpaný a nakrájaný na plátky
- 1 lyžička mletej kurkumy alebo viac podľa chuti

SLÚŽIŤ

- 1 šálka mrkvovej šťavy
- ½ šálky 2% gréckeho jogurtu
- 4 lyžice javorového sirupu
- ½ lyžičky vanilkového extraktu

Smery

a) Zmiešajte mrkvu, banán, jablko, zázvor a kurkumu vo veľkej miske. Rozdeľte medzi 4 mraziace vrecká na zips.

b) Vložte obsah jedného vrecka do mixéra a pridajte ¼ šálky mrkvovej šťavy, 2 polievkové lyžice jogurtu, veľkú lyžičku javorového sirupu, $\frac{1}{8}$ lyžičky vanilky a $\frac{1}{4}$ šálky ľadu. Miešajte do hladka. Ihneď podávajte.

34. Broskyňové melba smoothie

Ingrediencie

NA PRÍPRAVU

- 1 (16 uncový) balík mrazených nakrájaných broskýň
- 1 šálka mrazených malín
- 1 pomaranč, olúpaný a zbavený semienok
- ⅓ šálky vanilkového proteínového prášku

SLÚŽIŤ

- ½ šálky pomarančového džúsu
- 2 lyžice čerstvej limetkovej šťavy
- 3 lyžičky medu
- 1 ½ lyžičky vanilkového extraktu

Smery

a) Zmiešajte broskyne, maliny, pomaranč a proteínový prášok vo veľkej miske. Rozdeľte medzi 6 mraziacich vreciek na zips. Zmrazte až na mesiac, kým nie je pripravené na podávanie.

b) Vložte obsah jedného vrecka do mixéra a pridajte 4 čajové lyžičky pomarančovej šťavy, 1 čajovú lyžičku limetkovej šťavy, ½ čajovej lyžičky medu a štedrú ¼ čajovej lyžičky vanilky. Miešajte do hladka. Ihneď podávajte.

35. Dúhové kokosové smoothie

Ingrediencie

NA PRÍPRAVU

- 2 mandarínky, olúpané a nakrájané na kúsky
- 1 šálka na kocky nakrájaného ananásu
- 1 šálka manga nakrájaného na kocky
- 1 šálka nakrájaných jahôd
- 1 šálka čučoriedok
- 1 šálka černíc
- 1 kiwi, olúpané a nakrájané na plátky
- 2 šálky baby špenátu
- ½ šálky strúhaného kokosu

SLÚŽIŤ

- 2 šálky kokosovej vody

Smery

a) Vo veľkej mise skombinujte mandarínky, ananás, mango, jahody, čučoriedky, černice, kivi, špenát a kokos. Rozdeľte medzi 6 mraziacich vreciek na zips. Zmrazte až na mesiac, kým nie je pripravené na podávanie.

b) NA PRÍPRAVU JEDNEJ PORCIE: Vložte obsah jedného vrecka do mixéra a pridajte ⅓ šálky kokosovej vody. Miešajte do hladka. Ihneď podávajte.

36. Tropické zelené smoothie

Ingrediencie

NA PRÍPRAVU

- 4 šálky baby špenátu
- 1 šálka mrazeného manga
- ¾ šálky mrazeného ananásu
- 1 banán, nakrájaný na plátky
- 2 mandarínky, olúpané a nakrájané na kúsky
- 4 čajové lyžičky chia semienok

SLÚŽIŤ

- 3 šálky kokosovej vody

Smery

a) Zmiešajte špenát, mango, ananás, banán, mandarínky a chia semienka vo veľkej miske. Rozdeľte medzi 4 mraziace vrecká na zips. Zmrazte až na mesiac, kým nie je pripravené na podávanie.

b) NA PRÍPRAVU JEDNEJ PORCIE: Vložte obsah jedného vrecka do mixéra a pridajte ¾ šálky kokosovej vody. Miešajte do hladka. Ihneď podávajte.

37. Tropické quinoa smoothie

Výťažok 1 smoothie

Ingrediencie

- ¼ šálky (45 g) uvarenej quinoy

- ¼ šálky (60 ml) svetlého kokosového mlieka (alebo mlieka podľa výberu)

- ⅓ šálka (50 g) kúskov mrazeného manga ⅓ šálka (45 g) kúskov mrazeného ananásu ½ mrazeného banánu

- 1 polievková lyžica nesladeného strúhaného kokosu

- 1 polievková lyžica kokosového cukru, podľa chuti ½ čajovej lyžičky vanilky

Smery

a) Zmiešajte všetky ingrediencie v mixéri, kým nebudú hladké. Upravte konzistenciu podľa chuti pridaním väčšieho množstva mlieka pre redšie smoothie a ľadu alebo trochy jogurtu pre hustejšie smoothie.

b) Užite si to!

SNACK BOX

38. Predjedlový snack box pre dvoch

Ingrediencie

- 2 unce na tenké plátky nakrájaného prosciutta
- 2 unce salámy, nakrájanej na kocky
- 1 unca syra gouda, nakrájaného na tenké plátky
- 1-unca parmezánu, nakrájaného na tenké plátky
- $\frac{1}{4}$ šálky mandlí
- 2 lyžice zelených olív
- 2 lyžice čiernych olív

Smery

a) Vložte prosciutto, salámu, syry, mandle a olivy do nádoby na prípravu jedla.

b) Prikryte a nechajte v chladničke maximálne 4 dni.

39. Buffalo-kurací zelerový snack box

Ingrediencie

- 1 šálka zvyšného strúhaného kurčaťa
- 2 lyžice gréckeho jogurtu
- 2 lyžice horúcej omáčky
- ¼ lyžičky cesnakového prášku
- ¼ lyžičky cibuľového prášku
- Košer soľ a čerstvo mleté čierne korenie podľa chuti
- 6 stoniek zeleru, prekrojených na polovicu
- ½ šálky jahôd, nakrájaných na plátky
- ½ šálky hrozna
- 2 lyžice rozdrobeného modrého syra
- 1 polievková lyžica nasekanej čerstvej petržlenovej vňate

Smery

a) Skombinujte kuracie mäso, jogurt, horúcu omáčku, cesnakový prášok a cibuľový prášok vo veľkej miske; dochutíme soľou a korením podľa chuti. Zakryte a nechajte v chladničke maximálne 3 dni.

b) Rozdeľte zelerové tyčinky, jahody a hrozno do nádob na prípravu jedla.

40. Bistro box na kura a hummus

Ingrediencie

- 1 libra vykostených kuracích pŕs bez kože, nakrájané na prúžky
- ½ lyžičky cesnakového prášku
- ¼ lyžičky cibuľového prášku
- Košer soľ a čerstvo mleté čierne korenie podľa chuti
- 1 uhorka, nakrájaná na tenké plátky
- 4 mini celozrnné pity
- 1 šálka cherry paradajok
- ½ šálky hummusu (domáceho alebo zakúpeného v obchode)

Smery

a) Predhrejte gril na stredne vysokú teplotu. Kurča ochutíme cesnakovým práškom, cibuľovým práškom, soľou a korením.

b) Pridajte kurča na gril a varte, pričom ho raz otočte, kým nie je uvarené a šťava nevyteká, 5 až 6 minút na každej strane; odložíme do vychladnutia.

c) Rozdeľte kurča, uhorku, pita chlieb, paradajky a hummus do nádob na prípravu jedla. Uložte do chladničky na 3 dni.

41. Čokoládovo-jahodové energetické sústa

Ingrediencie

- 1 šálka staromódneho rolovaného ovsa
- ½ šálky nesladeného strúhaného kokosu
- ⅓ šálky kešu masla
- ¼ šálky medu
- 3 polievkové lyžice chia semienok
- ½ lyžičky vanilkového extraktu
- ¼ lyžičky kóšer soli
- ¾ šálky jemne nasekaných mrazom sušených jahôd
- ¼ šálky mini čokoládových lupienkov

Smery

a) Plech vyložte voskovaným papierom alebo pergamenovým papierom; odložiť.

b) V kuchynskom robote pulzujte ovos a kokos, kým zmes nebude pripomínať hrubú múku, 5 až 6 pulzov; preneste do strednej misky.

c) Pomocou drevenej lyžice vmiešajte kešu maslo, med, chia semienka, vanilku a soľ, kým sa dobre nespoja. Miešajte jahody a čokoládové lupienky, kým sa nezačlenia.

d) Zmes premiešajte a vytvorte 15 (1-palcový) guľôčok, každá asi 1 ½ polievkovej lyžice. Položte na pripravený plech v jednej vrstve.

e) Dáme do chladničky do stuhnutia, asi 1 hodinu. Uchovávajte vo vzduchotesnej nádobe v chladničke až 1 týždeň alebo v mrazničke až 1 mesiac.

42. Lahôdkový snack box

Ingrediencie

- 1 veľké vajce
- 1 ½ unce na tenké plátky nakrájaných morčacích pŕs
- ¼ šálky cherry paradajok
- 1 unca ostrého syra čedar, nakrájaného na kocky
- 4 pita sušienky
- 1 polievková lyžica surových mandlí

Smery

a) Vložte vajíčko do hrnca a zakryte studenou vodou o 1 palec. Priveďte do varu a varte 1 minútu. Panvicu zakryte tesným vekom a odstráňte z tepla; necháme 8 až 10 minút odležať. Pred šúpaním dobre sceďte a nechajte vychladnúť.

b) Vložte morku, vajcia, paradajky, syr, sušienky a mandle do nádoby na prípravu jedla. Toto sa môže uchovávať v chladničke až 3 dni.

43. Pochutiny na pizzu

Ingrediencie

- 4 pita sušienky
- 2 lyžice strúhaného syra mozzarella so zníženým obsahom tuku
- 2 lyžice omáčky na pizzu
- 2 lyžice mandlí
- 1 lyžica mini feferóniek
- $\frac{1}{4}$ šálky hrozna

Smery

a) Vložte sušienky, syr, omáčku na pizzu, mandle, feferónky a hrozno do nádoby na prípravu jedla.

b) Uložte do chladničky na 3 dni.

44. Grécky cícerový šalát

Ingrediencie

Oregano-cesnakový vinaigrett

- ¼ šálky extra panenského olivového oleja
- 3 lyžice červeného vínneho octu
- 2 čajové lyžičky sušeného oregana
- 1 ½ lyžičky celozrnnej horčice
- 1 strúčik cesnaku, prelisovaný
- ¼ lyžičky cukru (voliteľné)
- Košer soľ a čerstvo mleté čierne korenie podľa chuti

Šalát

- 1 (15 uncí) plechovka garbanzo fazule, opláchnutá a odkvapkaná
- 1 pinta hroznových paradajok, na polovicu
- 1 žltá paprika, nakrájaná na kocky
- 1 pomarančová paprika, nakrájaná na kocky
- 2 perzské uhorky, pozdĺžne rozpolené a nakrájané na tenké plátky
- 1 šálka nasekanej čerstvej petržlenovej vňate

- ⅓ šálky červenej cibule nakrájanej na kocky
- 1 (4-uncová) nádoba syra feta, rozdrvená

Smery

a) NA VINAIGRETU: V malej miske vyšľaháme olivový olej, ocot, oregano, horčicu, cesnak a cukor; dochutíme soľou a korením podľa chuti. Uchováva sa prikryté v chladničke 3 až 4 dni.

b) Zmiešajte garbanzo fazuľu, paradajky, papriku, uhorky, petržlen, cibuľu a syr vo veľkej miske. Rozdeľte do nádob na prípravu jedla. Prikryté vydrží v chladničke 3 až 4 dni.

c) Ak chcete podávať, nalejte vinaigrette na šalát a jemne premiešajte, aby sa spojil.

45. Občerstvenie na kapustové chipsy

Ingrediencie

Kapustové lupienky

- 1 zväzok kelu, stonky a hrubé rebrá odstránené
- 2 lyžice olivového oleja
- 1 strúčik cesnaku, prelisovaný
- Košer soľ a čerstvo mleté čierne korenie podľa chuti

Chrumkavé fazuľky garbanzo

- 1 (16 uncí) plechovka garbanzo fazule, scedená a opláchnutá
- 1 ½ lyžice olivového oleja
- 1 ½ lyžičky chilli limetkového korenia
- 1 šálka jahôd, nakrájaných na plátky
- 1 šálka hrozna
- 4 mandarínky, olúpané a nakrájané na kúsky

Smery

a) Predhrejte rúru na 375 stupňov F. Plech na pečenie zľahka naolejujte alebo natrite nepriľnavým sprejom.

b) NA KEĽOVÉ ČIPESKY: Kel poukladáme na pripravený plech. Pridajte olivový olej a cesnak a dochuťte soľou a korením. Jemne premiešajte, aby ste ich spojili a usporiadali do jednej vrstvy. Pečte 10 až 13 minút alebo do chrumkava; necháme úplne vychladnúť. Odložte bokom.

c) PRE CHRÁPKU FAZUĽU: Pomocou čistej kuchynskej utierky alebo papierových utierok dôkladne osušte fazuľu garbanzo. Odstráňte a zlikvidujte šupky. Položte garbanzos v jednej vrstve na plech a pečte 20 minút. Pridajte olivový olej a čili limetkové korenie a jemne premiešajte, aby sa spojili. Pečte do chrumkava a sucha, ďalších 15 až 17 minút.

d) Vypnite rúru a pootvorte dvierka; úplne vychladnúť v rúre na 1 hodinu.

e) Vložte jahody, hrozno a mandarínky do nádob na prípravu jedla. Prikryté vydrží v chladničke 3 až 4 dni. Kapustové lupienky a garbanzo by sa mali uchovávať oddelene vo vreckách so zipsom pri izbovej teplote, aby zostali pekné a chrumkavé.

48. Mini tekvicové proteínové donuty

Ingrediencie

- 1 hrnček bielej celozrnnej múky
- ½ šálky vanilkového srvátkového proteínového prášku
- ⅓ šálky pevne zabaleného svetlohnedého cukru
- 1 ½ lyžičky prášku do pečiva
- 1 lyžička korenia na tekvicový koláč
- ¼ lyžičky kóšer soli
- 1 šálka konzervovaného tekvicového pyré
- 3 lyžice nesoleného masla, rozpusteného
- 2 veľké vaječné bielka
- 2 polievkové lyžice 2% mlieka
- 1 lyžička mletej škorice
- ⅓ šálky kryštálového cukru
- 2 lyžice nesoleného masla, rozpusteného

Smery

a) Predhrejte rúru na 350 stupňov F. Potiahnite šálky na panvici na šišky s nepriľnavým sprejom.

b) Vo veľkej mise zmiešajte múku, proteínový prášok, hnedý cukor, prášok do pečiva, korenie na tekvicový koláč a soľ.

c) Vo veľkej sklenenej odmerke alebo inej miske vyšľaháme tekvicu, maslo, bielka a mlieko.

d) Nalejte mokrú zmes na suché prísady a miešajte gumenou stierkou, až kým nebude vlhká.

e) Cesto rovnomerne naberte do formy na šišky. Pečte 8 až 10 minút, kým donuty jemne nezhnednú a po dotyku nevyskočia. Chladíme 5 minút.

f) Zmiešajte škoricu a cukor v malej miske. Každý donut ponorte do rozpusteného masla a potom do škoricového cukru.

g) Podávajte teplé alebo pri izbovej teplote. Uchovávajte vo vzduchotesnej nádobe až 5 dní.

49. Dúhové hummusové vegetariánske veterníky

Ingrediencie

- 2 lyžice hummus
- 1 (8-palcová) špenátová tortilla
- ¼ šálky na tenké plátky nakrájanej červenej papriky
- ¼ šálky na tenké plátky nakrájanej žltej papriky
- ¼ šálky na tenké plátky nakrájanej mrkvy
- ¼ šálky na tenké plátky nakrájanej uhorky
- ¼ šálky baby špenátu
- ¼ šálky strúhanej červenej kapusty
- ¼ šálky klíčkov lucerny
- ½ šálky jahôd
- ½ šálky čučoriedok

Smery

a) Rozložte hummus na povrch tortilly v rovnomernej vrstve a nechajte okraj $\frac{1}{4}$ palca. Do stredu tortilly položte papriku, mrkvu, uhorku, špenát, kapustu a klíčky.

b) Spodný okraj tortilly priložte tesne k zelenine a prehnite ho po stranách. Pokračujte v rolovaní, kým nedosiahnete vrch tortilly. Nakrájajte na šestiny.

c) Vložte veterníky, jahody a čučoriedky do nádoby na prípravu jedla. Dajte do chladničky na 3 až 4 dni.

50. Salsa box na občerstvenie

Ingrediencie

- ¾ šálky jahôd nakrájaných na kocky
- ¾ šálky manga nakrájaného na kocky
- 1 jalapeňo, semienkami a mletým
- 2 lyžice červenej cibule nakrájanej na kocky
- 2 polievkové lyžice nasekaných čerstvých listov koriandra
- 2 lyžičky medu
- Šťava z 1 limetky
- 2 šálky tortilla chipsov
- 1 červená paprika, nakrájaná na tenké plátky
- 1 pomarančová paprika, nakrájaná na tenké plátky
- 1 jicama, olúpaná a nakrájaná na hrubé zápalky
- 1 ananás, nakrájaný na mesiačiky

Smery

a) Vo veľkej miske zmiešajte jahody, mango, jalapeňo, cibuľu, koriandr, med a limetkovú šťavu.

b) Rozdeľte tortillové lupienky do vrecúšok na zips. Rozdeľte salsu, papriku, jicamu a ananás do nádob na prípravu jedla. V chladničke vydrží 3 až 4 dni.

51. Domáci hummus

Výťažok asi 2 šálky

Ingrediencie

- 1 15 oz. konzerva (425g) cícer, scedený/prepláchnutý (rezerva tekutiny)
- ¼ šálky (60 ml) cícerovej plechovky tekutej (alebo pod vodou)
- 1 polievková lyžica mletého cesnaku
- 1 polievková lyžica tahini
- 1 ½ lyžice citrónovej šťavy
- ½ lyžičky rasce
- ¼ lyžičky soli
- ¼ lyžičky papriky
- ⅛ čajovej lyžičky kajenského korenia, podľa chuti
- ⅛ lyžičky korenia podľa chuti

Smery

a) Zmiešajte všetky ingrediencie v kuchynskom robote.

b) Do polovice zoškrabte boky a dochuťte korením.

52. Trail Mix

Výťažok asi 2 šálky

Ingrediencie

- 1 šálka (15 g) popcornu
- ¼ šálky (40 g) pražených arašidov
- ¼ šálky (40 g) pražených mandlí
- ¼ šálky (40 g) tekvicových semienok
- ¼ šálky (35 g) sušených čučoriedok, bez pridaného cukru
- 2 polievkové lyžice lupienkov horkej čokolády (voliteľné)
- štipka škorice (voliteľné)
- štipka soli

Smery

a) Zmiešajte všetky ingrediencie, podľa chuti upravte škoricu a soľ.

b) Skladujte vo vzduchotesnej nádobe.

c) V špajzi vydrží až 2 týždne.

53. Pesto bez oleja

Výťažok asi 2 šálky

Ingrediencie

- 1 ½ šálky (60 g) čerstvej bazalky
- 1 ½ šálky (60 g) čerstvého špenátu
- 1 15 oz. (425g) konzerva biela fazuľa, scedená/prepláchnutá
- 2 lyžice vlašských orechov
- 2 lyžice citrónovej šťavy
- 1 lyžička cesnaku
- soľ a korenie podľa chuti

Smery

a) Všetky ingrediencie vložte do kuchynského robota a spracujte, kým sa dobre nespoja a nedosiahne požadovaná konzistencia.

b) Po príprave dajte do chladničky.

c) V chladničke vydrží 1-2 týždne.

54. Vaječné muffiny

Výťažok asi 12

Ingrediencie

- 3-4 šálky (540-720 g) zmiešanej zeleniny, nakrájanej na kocky
- 2 šálky (480 g) vaječných bielkov/náhrady (alebo vajec), ochutených soľou a korením

Smery

a) Predhrejte rúru na 375F (190C).

b) Rozložte zmiešanú zeleninu podľa vlastného výberu do vystriekanej formy na muffiny a naplňte ju asi do ½ cesta.

c) Nalejte vajcia do formičiek, plňte ⅔ cesta na vrchol.

d) Pečte asi 15 minút, kým úplne stuhne.

e) Užite si teplo alebo chlad a užite si chlad! Tie sú tiež skvelé prehriate.

f) V chladničke vydrží cca 3 dni, v mrazničke 2-3 mesiace.

55. Tofu Bites

Výťažok 4 porcií

Ingrediencie

- 1 14 oz. (400g) balenie extra tuhé tofu
- sprej na pečenie
- soľ a korenie
- dodatočné korenie

Smery

a) Predhrejte rúru na 400 F (200 C).

b) Prelisované tofu nakrájajte na kocky alebo pásiky, ako chcete.

c) Zľahka posypte trochou spreja na varenie a korením podľa chuti. Preložíme na plech vystlaný papierom na pečenie.

d) Pečte asi 45 minút, v polovici otočte.

56. Kurací šalát

Výťažok 1 porcie

Ingrediencie

- 4 oz. (115 g) kuracie prsia, strúhané alebo nakrájané na kocky
- 2 lyžice gréckeho jogurtu
- 1 lyžička dijonskej horčice
- 1 lyžička žltej horčice
- 2 lyžice zelenej cibule
- 3 polievkové lyžice hrozna, rozpolené alebo rozštvrtené
- 3 lyžice nasekaného zeleru
- 2 polievkové lyžice nasekaných vlašských alebo pekanových orechov
- 1 lyžička estragónu
- soľ a korenie podľa chuti

Smery

a) Všetky ingrediencie spolu zmiešame.

b) Ochlaďte sa a užívajte si! V chladničke vydrží cca 5 dní.

57. Tex-Mex Quinoa

Výťažok 12 porcií

Ingrediencie

- 1 šálka (180 g) nevarená quinoa, opláchnutá
- 1 lb (450 g) extra chudé mleté morčacie prsia
- 1 15 oz. konzerva (425g) čierna fazuľa, scedená/prepláchnutá
- 1 15 oz. konzerva (425g) sladká kukurica, scedená/prepláchnutá
- 1 10 oz. konzerva (285 g) nakrájané paradajky a zelené čili
- 1 10 oz. plechovka (285 g) červená omáčka enchilada
- 1 ½ šálky (350 ml) kuracieho/zeleninového vývaru alebo vody
- 1 zelená paprika, nakrájaná ½ šálky (80 g) nakrájaná cibuľa 2 jalapeňos, semienkami
- 1 polievková lyžica mletého cesnaku
- 2 polievkové lyžice korenia na taco

Smery

a) Všetko pridajte do pomalého hrnca. Dobre premiešajte, aby sa spojili.

b) Znížte teplo. Nechajte variť 6-8 hodín, pomaly a pomaly. Počas doby varenia raz alebo dvakrát premiešajte. (Ak ste v časovej tiesni, varte pri vysokej teplote 4 hodiny).

c) Podávajte s gréckym jogurtom ako náhradou kyslej smotany, salsou a avokádom alebo guacamole.

58. Príprava tuniakového šalátu

Ingrediencie

- 2 veľké vajcia
- 2 (5-uncové) plechovky tuniaka vo vode, scedené a olúpané
- ½ šálky odtučneného gréckeho jogurtu
- ¼ šálky zeleru nakrájaného na kocky
- ¼ šálky červenej cibule nakrájanej na kocky
- 1 lyžica dijonskej horčice
- 1 polievková lyžica sladkého nálevu (voliteľné)
- 1 čajová lyžička čerstvo vytlačenej citrónovej šťavy alebo viac podľa chuti
- ¼ lyžičky cesnakového prášku
- Košer soľ a čerstvo mleté čierne korenie podľa chuti
- 4 listy šalátu Bibb
- ½ šálky surových mandlí
- 1 uhorka, nakrájaná na plátky
- 1 jablko, nakrájané na plátky

Smery

a) Vložte vajcia do veľkej panvice a zakryte studenou vodou o 1 palec. Priveďte do varu a varte 1 minútu. Hrniec prikryte tesne priliehajúcim vekom a odstráňte z ohňa; necháme 8 až 10 minút odležať. Pred ošúpaním a rozpolením dobre sceďte a nechajte vychladnúť.

b) V strednej miske zmiešajte tuniaka, jogurt, zeler, cibuľu, horčicu, pochutinu, citrónovú šťavu a cesnakový prášok; dochutíme soľou a korením podľa chuti.

c) Rozdeľte listy šalátu do nádob na prípravu jedla. Nalejte zmes tuniaka a pridajte vajcia, mandle, uhorku a jablko. V chladničke vydrží 3 až 4 dni.

TEPLÝ OBED

59. Kuracie misky na burrito

Ingrediencie

Chipotle krémová omáčka

- ½ šálky odtučneného gréckeho jogurtu
- 1 chipotle paprika v adobo omáčke, mletá alebo viac podľa chuti
- 1 strúčik cesnaku, mletý
- 1 polievková lyžica čerstvo vylisovanej limetkovej šťavy

Miska Burrito

- ⅔ šálky hnedej ryže
- 1 lyžica olivového oleja
- 1 libra mletého kuracieho mäsa
- ½ lyžičky čili prášku
- ½ lyžičky cesnakového prášku
- ½ lyžičky mletého kmínu
- ½ čajovej lyžičky sušeného oregana
- ¼ lyžičky cibuľového prášku
- ¼ lyžičky papriky
- Košer soľ a čerstvo mleté čierne korenie podľa chuti

- 1 (15 uncí) plechovka čiernej fazule, scedená a prepláchnutá
- 1 ¾ šálky kukuričných zŕn (mrazených, konzervovaných alebo pražených)
- ½ šálky pico de gallo (domáce alebo z obchodu)

Smery

a) NA CHIPOTLE KRÉMOVÚ OMÁČKU: Vyšľahajte jogurt, chipotle korenie, cesnak a limetkovú šťavu. Zakryte a nechajte v chladničke maximálne 3 dni.

b) Ryžu uvarte podľa návodu na obale vo veľkom hrnci s 2 šálkami vody; odložiť.

c) Zahrejte olivový olej vo veľkom hrnci alebo holandskej rúre na stredne vysokú teplotu. Pridajte mleté kuracie mäso, čili prášok, cesnakový prášok, rascu, oregano, cibuľový prášok a papriku; dochutíme soľou a korením. Varte, kým kura nezhnedne, 3 až 5 minút, pričom dbajte na to, aby sa kura počas varenia rozpadalo; vypustite prebytočnú misku.

d) Rozdeľte ryžu do nádob na prípravu jedla. Navrch dáme mletú kuraciu zmes, čiernu fazuľu, kukuricu a pico de gallo. Prikryté vydrží v chladničke 3 až 4 dni. Pokvapkáme smotanovou omáčkou z chipotle. Ak chcete, ozdobte koriandrom a kúskom limetky a podávajte. Ohrievajte v mikrovlnnej rúre v 30-sekundových intervaloch, kým sa neprehreje.

60. Kuracie tikka masala

Ingrediencie

- 1 šálka basmati ryže
- 2 lyžice nesoleného masla
- 1 ½ libry vykostené kuracie prsia bez kože, nakrájané na 1-palcové kúsky
- Košer soľ a čerstvo mleté čierne korenie podľa chuti
- 1 cibuľa, nakrájaná na kocky
- 2 lyžice paradajkovej pasty
- 1 polievková lyžica čerstvo nastrúhaného zázvoru
- 3 strúčiky cesnaku, mleté
- 2 čajové lyžičky garam masala
- 2 čajové lyžičky čili prášku
- 2 čajové lyžičky mletej kurkumy
- 1 (28 uncí) plechovka nakrájaných paradajok
- 1 šálka kuracieho vývaru
- ⅓ šálky hustej smotany
- 1 polievková lyžica čerstvej citrónovej šťavy
- ¼ šálky nasekaných čerstvých listov koriandra (voliteľné)

- 1 citrón, nakrájaný na kolieska (voliteľné)

Smery

a) Ryžu uvarte podľa návodu na obale vo veľkom hrnci s 2 šálkami vody; odložiť.

b) Maslo roztopte vo veľkej panvici na strednom ohni. Kurča ochutíme soľou a korením. Pridajte kurča a cibuľu na panvicu a varte za občasného miešania dozlatista 4 až 5 minút. Vmiešajte paradajkovú pastu, zázvor, cesnak, garam masalu, čili prášok a kurkumu a varte, kým sa dobre nespoja, 1 až 2 minúty. Vmiešame na kocky nakrájané paradajky a kurací vývar. Priviesť do varu; znížime teplotu a za občasného miešania dusíme, kým mierne nezhustne, asi 10 minút.

c) Vmiešajte smotanu, citrónovú šťavu a kuracie mäso a varte, kým sa nezahreje, asi 1 minútu.

d) Vložte zmes ryže a kuracieho mäsa do nádob na prípravu jedla. Ak chcete, ozdobte koriandrom a kolieskom citróna a podávajte. Prikryté vydrží v chladničke 3 až 4 dni. Ohrievajte v mikrovlnnej rúre v 30-sekundových intervaloch, kým sa neprehreje.

61. Grécke kuracie misky

Ingrediencie

Kura a ryža

- 1 libra kuracích pŕs bez kostí a kože
- ¼ šálky plus 2 lyžice olivového oleja, rozdelené
- 3 strúčiky cesnaku, mleté
- Šťava z 1 citróna
- 1 lyžica červeného vínneho octu
- 1 lyžica sušeného oregana
- Košer soľ a čerstvo mleté čierne korenie podľa chuti
- ¾ šálky hnedej ryže

Uhorkový šalát

- 2 anglické uhorky, olúpané a nakrájané na plátky
- ½ šálky na tenké plátky nakrájanej červenej cibule
- Šťava z 1 citróna
- 2 lyžice extra panenského olivového oleja
- 1 lyžica červeného vínneho octu
- 2 strúčiky cesnaku, prelisované

- ½ čajovej lyžičky sušeného oregana

Tzatziki omáčka

- 1 šálka gréckeho jogurtu
- 1 anglická uhorka, jemne nakrájaná na kocky
- 2 strúčiky cesnaku, prelisované
- 1 lyžica nasekaného čerstvého kôpru
- 1 lyžička strúhanej citrónovej kôry
- 1 polievková lyžica čerstvo vylisovanej citrónovej šťavy
- 1 lyžička nasekanej čerstvej mäty (voliteľné)
- Košer soľ a čerstvo mleté čierne korenie podľa chuti
- 2 lyžice extra panenského olivového oleja
- 1 ½ libry cherry paradajok, na polovicu

Smery

a) PRE KURA: V galónovom vrecku na zips zmiešajte kurča, ¼ šálky olivového oleja, cesnak, citrónovú šťavu, ocot a oregano; dochutíme soľou a korením. Kuracie mäso marinujte v chladničke aspoň 20 minút alebo až 1 hodinu, pričom vrecko občas otočte. Kuracie mäso sceďte a marinádu zlikvidujte.

b) Zohrejte zvyšné 2 lyžice olivového oleja vo veľkej panvici na stredne vysokej teplote. Pridajte kurča a varte, raz otočte, kým sa neuvarí, 3 až 4 minúty na každej strane. Nechajte vychladnúť pred krájaním na kúsky veľkosti sústa.

c) Ryžu uvarte vo veľkom hrnci s 2 šálkami vody podľa návodu na obale.

d) Rozdeľte ryžu a kuracie mäso do nádob na prípravu jedla. Prikryté vydrží v chladničke až 3 dni.

e) NA UHORKOVÝ ŠALÁT: Zmiešajte uhorky, cibuľu, citrónovú šťavu, olivový olej, ocot, cesnak a oregano v malej miske. Zakryte a nechajte v chladničke maximálne 3 dni.

f) NA OMÁČKU TZATZIKI: Zmiešajte jogurt, uhorku, cesnak, kôpor, citrónovú kôru a šťavu a mätu (ak používate) v malej miske. Dochutíme soľou a korením podľa chuti a pokvapkáme olivovým olejom. Prikryte a dajte do chladničky aspoň na 10 minút, aby sa chute prepojili. Môže byť v chladničke 3 až 4 dni.

g) Pri podávaní zohrejte ryžu a kuracie mäso v mikrovlnnej rúre v 30-sekundových intervaloch, kým sa neprehrejú. Navrch dajte uhorkový šalát, paradajky a Tzatziki omáčkou a podávajte.

62. Misky na prípravu kórejského hovädzieho mäsa

Ingrediencie

- ⅔ šálky bielej alebo hnedej ryže
- 4 stredné vajcia
- 1 lyžica olivového oleja
- 2 strúčiky cesnaku, mleté
- 4 šálky nakrájaného špenátu

kórejské hovädzie mäso

- 3 polievkové lyžice baleného hnedého cukru
- 3 polievkové lyžice sójovej omáčky so zníženým obsahom sodíka
- 1 polievková lyžica čerstvo nastrúhaného zázvoru
- 1 ½ lyžičky sezamového oleja
- ½ čajovej lyžičky sriracha (voliteľné)
- 2 lyžice olivového oleja
- 2 strúčiky cesnaku, mleté
- 1 libra mletého hovädzieho mäsa
- 2 zelené cibule, nakrájané na tenké plátky (voliteľné)
- ¼ lyžičky sezamových semienok (voliteľné)

Smery

a) Ryžu uvarte podľa návodu na obale; odložiť.

b) Vložte vajcia do veľkej panvice a zakryte studenou vodou o 1 palec. Priveďte do varu a varte 1 minútu. Hrniec prikryte tesne priliehajúcim vekom a odstráňte z ohňa; necháme 8 až 10 minút odležať. Pred ošúpaním a rozrezaním na polovicu dobre sceďte a nechajte vychladnúť.

c) Vo veľkej panvici zohrejte olivový olej na stredne vysokú teplotu. Pridajte cesnak a varte za častého miešania, kým nebude voňavý, 1 až 2 minúty. Vmiešajte špenát a varte do zvädnutia, 2 až 3 minúty; odložiť.

d) Pre hovädzie mäso: V malej miske vyšľaháme spolu hnedý cukor, sójovú omáčku, zázvor, sezamový olej a sriracha, ak používate.

e) Vo veľkej panvici zohrejte olivový olej na stredne vysokú teplotu. Pridajte cesnak a varte za stáleho miešania, kým nebude voňavý, asi 1 minútu. Pridajte mleté hovädzie mäso a varte, kým nezhnedne, 3 až 5 minút, pričom dbajte na to, aby sa hovädzie mäso počas varenia rozdrobilo; vypustite prebytočnú misku. Miešajte zmes sójovej omáčky a zelenú cibuľku, kým sa dobre nespoja, potom varte, kým sa nezahreje, asi 2 minúty.

f) Vložte ryžu, vajcia, špenát a zmes mletého hovädzieho mäsa do nádob na prípravu jedla a podľa potreby ozdobte zelenou cibuľkou a sezamovými semienkami. Prikryté vydrží v chladničke 3 až 4 dni.

g) Ohrievajte v mikrovlnnej rúre v 30-sekundových intervaloch, kým sa neprehreje.

63. Mason jar kura a ramen polievka

Ingrediencie

- 2 (5,6 unce) balenia chladených rezancov yakisoba
- 2 ½ lyžice základového koncentrátu zeleninového vývaru so zníženým obsahom sodíka (máme radi Better Than Bouillon)
- 1 ½ lyžice sójovej omáčky so zníženým obsahom sodíka
- 1 lyžica ryžového vínneho octu
- 1 polievková lyžica čerstvo nastrúhaného zázvoru
- 2 čajové lyžičky sambal oelek (mletá čerstvá čili pasta) alebo viac podľa chuti
- 2 čajové lyžičky sezamového oleja
- 2 šálky zvyšného strúhaného kurčaťa
- 3 šálky baby špenátu
- 2 mrkvy, olúpané a nastrúhané
- 1 šálka nakrájaných húb shiitake
- ½ šálky čerstvých listov koriandra
- 2 zelené cibule, nakrájané na tenké plátky
- 1 lyžička sezamových semienok

Smery

a) Vo veľkom hrnci s vriacou vodou varte yakisobu, kým sa neuvoľní, 1 až 2 minúty; dobre odkvapkať.

b) V malej miske zmiešajte základ vývaru, sójovú omáčku, ocot, zázvor, sambal oelek a sezamový olej.

c) Rozdeľte zmes vývaru do 4 (24 uncových) sklenených pohárov so širokým hrdlom s viečkami alebo iných žiaruvzdorných nádob. Vrch s yakisobou, kuracím mäsom, špenátom, mrkvou, šampiňónmi, koriandrom, zelenou cibuľkou a sezamovými semienkami. Prikryte a nechajte v chladničke maximálne 4 dni.

d) Ak chcete podávať, odokryte pohár a pridajte dostatok horúcej vody na zakrytie obsahu, asi $1\frac{1}{4}$ šálky. Mikrovlnná rúra nezakrytá, kým sa nezahreje, 2 až 3 minúty. Nechajte 5 minút postáť, premiešajte, aby sa spojili a ihneď podávajte.

64. Mason jar bolognese

Ingrediencie

- 2 lyžice olivového oleja
- 1 libra mletého hovädzieho mäsa
- 1 libra talianskej klobásy, odstránené črevá
- 1 cibuľa, mletá
- 4 strúčiky cesnaku, mleté
- 3 (14,5 unce) plechovky nakrájaných paradajok, scedené
- 2 (15 uncí) plechovky paradajkovej omáčky
- 3 bobkové listy
- 1 čajová lyžička sušeného oregana
- 1 lyžička sušenej bazalky
- ½ lyžičky sušeného tymiánu
- 1 lyžička kosher soli
- ½ lyžičky čerstvo mletého čierneho korenia
- 2 (16-uncové) balenia syra mozzarella so zníženým obsahom tuku, nakrájaná na kocky
- 32 uncí nevarených celozrnných fusilli, uvarených podľa návodu na obale; asi 16 šálok varených

Smery

a) Vo veľkej panvici zohrejte olivový olej na stredne vysokú teplotu. Pridajte mleté hovädzie mäso, klobásu, cibuľu a cesnak. Varte do zhnednutia, 5 až 7 minút, pričom dbajte na to, aby sa hovädzie mäso a klobása počas varenia rozpadli; vypustite prebytočnú misku.

b) Premiestnite zmes mletého hovädzieho mäsa do 6-litrového pomalého hrnca. Vmiešame paradajky, paradajkovú omáčku, bobkové listy, oregano, bazalku, tymian, soľ a korenie. Prikryte a varte na miernom ohni 7 hodín a 45 minút. Odstráňte pokrievku a zapnite pomalý hrniec na vysoký výkon. Pokračujte vo varení 15 minút, kým omáčka nezhustne. Bobkové listy vyhoďte a omáčku nechajte úplne vychladnúť.

c) Rozdeľte omáčku do 16 (24 uncí) sklenených pohárov so širokým hrdlom s viečkami alebo iných žiaruvzdorných nádob. Navrch dáme mozzarellu a fusilli. Odložte do chladničky na 4 dni.

d) Podávajte v mikrovlnnej rúre, nezakryté, kým sa nezahreje, asi 2 minúty. Miešajte, aby sa spojili.

65. Mason jar lasagne

Ingrediencie

- 3 lasagne rezance
- 1 lyžica olivového oleja
- ½ libry mletej sviečkovice
- 1 cibuľa, nakrájaná na kocky
- 2 strúčiky cesnaku, mleté
- 3 lyžice paradajkovej pasty
- 1 lyžička talianskeho korenia
- 2 (14,5 unce) plechovky nakrájaných paradajok
- 1 stredná cuketa, strúhaná
- 1 veľká mrkva, nastrúhaná
- 2 šálky strúhaného baby špenátu
- Košer soľ a čerstvo mleté čierne korenie podľa chuti
- 1 šálka čiastočne odstredeného syra ricotta
- 1 šálka strúhaného syra mozzarella, rozdelená
- 2 lyžice nasekaných lístkov čerstvej bazalky

Smery

a) Vo veľkom hrnci s vriacou osolenou vodou uvaríme cestoviny podľa návodu na obale; dobre odkvapkať. Každé rezance nakrájajte na 4 kusy; odložiť.

b) Zohrejte olivový olej vo veľkej panvici alebo holandskej rúre na stredne vysokú teplotu. Pridajte mletú sviečkovicu a cibuľu a varte, kým nezhnedne, 3 až 5 minút, pričom dbajte na to, aby sa hovädzie mäso počas varenia rozdrobilo; vypustite prebytočnú misku.

c) Vmiešajte cesnak, paradajkový pretlak a talianske korenie a varte, kým nebude voňavý, 1 až 2 minúty. Vmiešame paradajky, znížime teplotu a dusíme do mierneho zhustnutia, 5 až 6 minút. Vmiešajte cuketu, mrkvu a špenát a varte za častého miešania, kým nezmäknú, 2 až 3 minúty. Dochutíme soľou a korením podľa chuti. Omáčku odložte.

d) V malej miske zmiešajte ricottu, ½ šálky mozzarelly a bazalku; dochutíme soľou a korením podľa chuti

e) Predhrejte rúru na 375 stupňov F. Zľahka naolejujte 4 (16 uncí) sklenené poháre so širokým hrdlom s viečkami alebo iné nádoby vhodné do rúry alebo ich natrite nepriľnavým sprejom.

f) Do každej nádoby vložte 1 kus cestovín. Rozdeľte jednu tretinu omáčky do pohárov. Opakujte s druhou vrstvou cestovín a omáčky. Navrch dáme zmes ricotty, zvyšné cestoviny a zvyšnú omáčku. Posypte zvyšnou $\frac{1}{2}$ šálkou syra mozzarella.

g) Poháre položte na plech na pečenie. Vložte do rúry a pečte do bublania, 25 až 30 minút; úplne v pohode. Odložte do chladničky na 4 dni.

66. Miso zázvorová detoxikačná polievka

Ingrediencie

- 2 čajové lyžičky praženého sezamového oleja
- 2 čajové lyžičky repkového oleja
- 3 strúčiky cesnaku, mleté
- 1 polievková lyžica čerstvo nastrúhaného zázvoru
- 6 šálok zeleninového vývaru
- 1 list kombu, nakrájaný na malé kúsky
- 4 čajové lyžičky bielej miso pasty
- 1 (3,5 unca) balenie húb shiitake, nakrájané na plátky (asi 2 šálky)
- 8 uncí pevného tofu, nakrájaného na kocky
- 5 baby bok choy, nasekaných
- ¼ šálky nakrájanej zelenej cibule

Smery

a) Zahrejte sezamový olej a repkový olej vo veľkom hrnci alebo holandskej rúre na strednom ohni. Pridajte cesnak a zázvor a varte za častého miešania, kým nezavonia, 1 až 2 minúty. Primiešame vývar, kombu a miso pastu a privedieme do varu. Prikryjeme, znížime teplotu a dusíme 10 minút. Vmiešame huby a varíme do mäkka, asi 5 minút.

b) Vmiešame tofu a bok choy a varíme, kým sa tofu neprehreje a bok choy nezmäkne, asi 2 minúty. Vmiešame zelenú cibuľku. Ihneď podávajte.

c) Alebo, ak chcete pripraviť vopred, nechajte vývar úplne vychladnúť na konci kroku 1. Potom vmiešajte tofu, bok choy a zelenú cibuľku. Rozdeľte do vzduchotesných nádob, prikryte a nechajte v chladničke maximálne 3 dni. Na opätovné zahriatie vložte do mikrovlnnej rúry v 30-sekundových intervaloch, kým sa nezahreje.

67. Plnené sladké zemiaky

VÝNOS: 4 PORCIE

Ingrediencie

- 4 stredné sladké zemiaky

Smery

a) Predhrejte rúru na 400 stupňov F. Plech vyložte pergamenovým papierom alebo hliníkovou fóliou.

b) Sladké zemiaky položte v jednej vrstve na pripravený plech. Pečieme do mäkka, asi 1 hodinu a 10 minút.

c) Nechajte odpočívať, kým nevychladne dostatočne na manipuláciu.

68. Kórejské kuracie plnené zemiaky

Ingrediencie

- ½ šálky ochuteného ryžového vínneho octu
- 1 lyžica cukru
- Košer soľ a čerstvo mleté čierne korenie podľa chuti
- 1 šálka zápalkovej mrkvy
- 1 veľká šalotka, nakrájaná na plátky
- ¼ lyžičky drvených vločiek červenej papriky
- 2 čajové lyžičky sezamového oleja
- 1 (10 uncový) balíček čerstvého špenátu
- 2 strúčiky cesnaku, mleté
- 4 pečené sladké zemiaky (tu)
- 2 šálky pikantného kórejského sezamového kura (tu)

Smery

a) V malom hrnci zmiešajte ocot, cukor, 1 čajovú lyžičku soli a ¼ šálky vody. Na strednom ohni priveďte do varu. Vmiešame mrkvu, šalotku a vločky červenej papriky. Odstavíme z ohňa a necháme 30 minút odstáť.

b) Zohrejte sezamový olej vo veľkej panvici na strednom ohni. Vmiešajte špenát a cesnak a varte, kým špenát nezvädne, 2 až 4 minúty. Dochutíme soľou a korením podľa chuti.

c) Zemiaky pozdĺžne rozpolíme a dochutíme soľou a korením. Navrch dáme kuracie mäso, mrkvovú zmes a špenát.

d) Rozdeľte sladké zemiaky do nádob na prípravu jedla. Uložte do chladničky na 3 dni. Ohrievajte v mikrovlnnej rúre v 30-sekundových intervaloch, kým sa neprehreje.

69. Zemiaky plnené kapustou a červenou paprikou

Ingrediencie

- 1 lyžica olivového oleja
- 2 strúčiky cesnaku, mleté
- 1 sladká cibuľa, nakrájaná na kocky
- 1 lyžička údenej papriky
- 1 červená paprika, nakrájaná na tenké plátky
- 1 zväzok kučeravého kelu, stonky odstránené a listy nakrájané
- Košer soľ a čerstvo mleté čierne korenie podľa chuti
- 4 pečené sladké zemiaky
- ½ šálky rozdrobeného syra feta so zníženým obsahom tuku

Smery

a) Zohrejte olivový olej vo veľkej panvici na strednom ohni. Pridajte cesnak a cibuľu a varte za častého miešania, kým cibuľa nie je priehľadná, 2 až 3 minúty. Vmiešame papriku a varíme, kým nebude voňavá, asi 30 sekúnd.

b) Primiešame papriku a varíme do chrumkava, asi 2 minúty. Po hrstiach primiešame kel a varíme 3 až 4 minúty, kým nebude svetlozelený a nezvädnutý.

c) Zemiaky rozpolíme a dochutíme soľou a korením. Navrch dáme kapustovú zmes a fetu.

d) Rozdeľte sladké zemiaky do nádob na prípravu jedla.

70. Zemiaky plnené kuracím mäsom s horčicou

Ingrediencie

- 1 lyžica olivového oleja
- 2 šálky nakrájanej čerstvej zelenej fazuľky
- 1 ½ šálky nakrájaných krémových húb
- 1 šalotka, mletá
- 1 strúčik cesnaku, mletý
- 2 lyžice nasekanej čerstvej petržlenovej vňate
- Košer soľ a čerstvo mleté čierne korenie podľa chuti
- 4 pečené sladké zemiaky (tu)
- 2 šálky kurčaťa s medovou horčicou (tu)

Smery

a) Zohrejte olivový olej vo veľkej panvici na strednom ohni. Pridajte zelené fazuľky, šampiňóny a šalotku a za častého miešania varte 5 až 6 minút, kým nie sú zelené fazuľky chrumkavé. Primiešame cesnak a petržlenovú vňať a varíme do voňava, asi 1 minútu. Dochutíme soľou a korením podľa chuti.

b) Zemiaky pozdĺžne rozpolíme a dochutíme soľou a korením. Navrch dáme zmes zelených fazúľ a kuracie mäso.

c) Rozdeľte sladké zemiaky do nádob na prípravu jedla. Uložte do chladničky na 3 dni. Ohrievajte v mikrovlnnej rúre v 30-sekundových intervaloch, kým sa neprehreje.

71. Čierna fazuľa a plnené zemiaky Pico de Gallo

Ingrediencie

Čierne fazule

- 1 lyžica olivového oleja
- ½ sladkej cibule, nakrájanej na kocky
- 1 strúčik cesnaku, mletý
- 1 lyžička čili prášku
- ½ lyžičky mletého kmínu
- 1 (15,5 unca) plechovka čiernej fazule, opláchnutá a scedená
- 1 lyžička jablčného octu
- Košer soľ a čerstvo mleté čierne korenie podľa chuti

Pico de gallo

- 2 slivkové paradajky, nakrájané na kocky
- ½ sladkej cibule, nakrájanej na kocky
- 1 jalapeňo, semienkami a mletým
- 3 lyžice nasekaných čerstvých listov koriandra
- 1 polievková lyžica čerstvo vylisovanej limetkovej šťavy
- Košer soľ a čerstvo mleté čierne korenie podľa chuti

- 4 pečené sladké zemiaky (tu)

- 1 avokádo, rozpolené, odkôstkované, olúpané a nakrájané na kocky

- ¼ šálky svetlej kyslej smotany

Smery

a) NA FAZUĽU: Olivový olej zohrejte v strednom hrnci na strednom ohni. Pridajte cibuľu a varte za častého miešania, kým nebude priehľadná, 2 až 3 minúty. Vmiešajte cesnak, čili prášok a rascu a varte, kým nezavonia, asi 1 minútu.

b) Vmiešajte fazuľu a ⅔ šálky vody. Priveďte do varu, znížte teplotu a varte, kým sa nezníži, 10 až 15 minút. Pomocou drviča na zemiaky roztlačte fazuľu, kým nedosiahnete hladkú a požadovanú konzistenciu. Vmiešame ocot a dochutíme soľou a korením podľa chuti.

c) PRE PICO DE GALLO: Zmiešajte paradajky, cibuľu, jalapeño, koriandr a limetkovú šťavu v strednej miske. Dochutíme soľou a korením podľa chuti.

d) Zemiaky pozdĺžne rozpolíme a dochutíme soľou a korením. Navrch dáme zmes čiernej fazule a pico de gallo.

e) Rozdeľte sladké zemiaky do nádob na prípravu jedla. Uložte do chladničky na 3 dni. Ohrievajte v mikrovlnnej rúre v 30-sekundových intervaloch, kým sa neprehreje.

72.Cuketové rezance s morčacími fašírkami

Ingrediencie

- 1-libra mletá morka
- ⅓ šálka panko
- 3 lyžice čerstvo nastrúhaného parmezánu
- 2 veľké žĺtky
- ¾ lyžičky sušeného oregana
- ¾ lyžičky sušenej bazalky
- ½ lyžičky sušenej petržlenovej vňate
- ¼ lyžičky cesnakového prášku
- ¼ lyžičky drvených vločiek červenej papriky
- Košer soľ a čerstvo mleté čierne korenie podľa chuti
- 2 libry (3 stredné) cukety, špirálovité
- 2 čajové lyžičky kóšer soli
- 2 šálky omáčky marinara (domáca alebo kúpená v obchode)
- ¼ šálky čerstvo nastrúhaného parmezánu

Smery

a) Predhrejte rúru na 400 stupňov F. Misku na pečenie s rozmermi 9 x 13 palcov zľahka naolejujte alebo potrite nepriľnavým sprejom.

b) Vo veľkej miske zmiešajte mletú morku, panko, parmezán, vaječné žĺtky, oregano, bazalku, petržlenovú vňať, cesnakový prášok a vločky červenej papriky; dochutíme soľou a korením. Pomocou drevenej lyžice alebo čistých rúk premiešajte, kým sa dobre nespoja. Rozvaľkajte zmes na 16 až 20 mäsových guľôčok, každá s priemerom 1 až 1 ½ palca.

c) Vložte mäsové guľky do pripravenej zapekacej misy a pečte 15 až 18 minút, kým nezhnednú a nie sú upečené; odložiť.

d) Vložte cuketu do cedníka nad umývadlom. Pridajte soľ a jemne premiešajte, aby sa spojila; necháme 10 minút postáť. Vo veľkom hrnci s vriacou vodou varte cuketu 30 sekúnd až 1 minútu; dobre odkvapkať.

e) Rozdeľte cuketu do nádob na prípravu jedla. Navrch dajte mäsové guľky, marinarovú omáčku a parmezán. Prikryté vydrží v chladničke 3 až 4 dni. Ohrievajte v mikrovlnnej rúre nezakryté v 30-sekundových intervaloch, kým sa neprehreje.

73. Ľahké mäsové guľky

Dá asi 18 mäsových guľôčok

Ingrediencie

- 20 oz. (600 g) extra chudé mleté morčacie prsia
- ½ šálky (40 g) ovsenej múky
- 1 vajce
- 2 šálky (80 g) nasekaného špenátu (voliteľné)
- 1 lyžička cesnakového prášku
- ¾ lyžičky soli
- ½ lyžičky papriky

Smery

a) Predhrejte rúru na 350 F (180 C).

b) Všetky ingrediencie zmiešame v miske.

c) Mäso rozvaľkáme na mäsové guľôčky o veľkosti golfovej loptičky a preložíme do vystriekanej zapekacej misy s rozmermi 9x13" (30x20 cm).

d) Pečieme 15 minút .

74. 3-zložková polievka

Výťažok 8 porcií

Ingrediencie

- 2 15 oz. (každá 425 g) plechovky fazule (používam jednu plechovku čiernej fazule a jednu plechovku bielej fazule), scedené/prepláchnuté
- 1 15 oz. (425 g) konzervy paradajok nakrájaných na kocky
- 1 šálka (235 ml) kuracieho/zeleninového vývaru soľ a korenie podľa chuti

Smery

a) Zmiešajte všetky ingrediencie v hrnci na stredne vysokej teplote. Priviesť do varu.

b) Po varení prikryte a nechajte dusiť 25 minút.

c) Použite ponorný mixér (alebo preneste do bežného mixéra/procesora v dávkach) na rozmixovanie polievky na požadovanú konzistenciu.

d) Podávajte teplé s gréckym jogurtom ako náhradou kyslej smotany, nízkotučným syrom čedar a zelenou cibuľkou!

e) V chladničke vydrží až 5 dní.

75. Pomalý hrniec Salsa Turkey

Výťažok 6 porcií

Ingrediencie

- 20 oz. (600 g) extra chudé mleté morčacie prsia
- 1 15,5 oz. pohár (440 g) salsy
- soľ a korenie podľa chuti (voliteľné)

Smery

a) Pridajte svoju mletú morku a salsu do pomalého hrnca.

b) Znížte teplo. Nechajte variť 6-8 hodín, pomaly a pomaly. Počas doby varenia raz alebo dvakrát premiešajte. (Ak ste v časovej tiesni, varte pri vysokej teplote 4 hodiny).

c) Podávajte s ďalšou studenou salsou, gréckym jogurtom ako náhradou kyslej smotany, syrom alebo zelenou cibuľkou!

d) V chladničke vydrží 5 dní, v mrazničke 3-4 mesiace.

76. Burrito-Bowl-In-A-Jar

Výťažky 1 jar

Ingrediencie

- 2 lyžice salsy
- ¼ šálky (40 g) fazule/fazuľovej salsy ⅓ šálky (60 g) varenej ryže/quinoa
- 3 oz. (85 g) varená extra chudá mletá morka, kuracie mäso alebo proteín podľa výberu
- 2 polievkové lyžice nízkotučného syra čedar
- 1 ½ šálky (60 g) šalátu/zelenej
- 1 polievková lyžica gréckeho jogurtu ("kyslá smotana")
- ¼ avokáda

Smery

a) Všetky ingrediencie navrstvite do nádoby.

b) Skladujte na neskoršiu konzumáciu.

c) Keď budete pripravený k jedlu, vylejte pohár na tanier alebo misku, aby ste ho premiešali a zhltli!

d) V chladničke vydrží 4-5 dní.

STUDENÝ OBED

77. Misky na prípravu jedla Carnitas

Ingrediencie

- 2 ½ lyžičky čili prášku
- 1 ½ lyžičky mletého kmínu
- 1 ½ čajovej lyžičky sušeného oregana
- 1 lyžička kóšer soli alebo viac podľa chuti
- ½ lyžičky mletého čierneho korenia alebo viac podľa chuti
- 1 (3-librové) bravčové karé, zbavené prebytočného tuku
- 4 strúčiky cesnaku, olúpané
- 1 cibuľa, nakrájaná na kolieska
- Šťava z 2 pomarančov
- Šťava z 2 limetiek
- 8 šálok strúhaného kelu
- 4 slivkové paradajky, nakrájané
- 2 (15-uncové) plechovky čiernej fazule, scedené a opláchnuté
- 4 šálky kukuričných zŕn (mrazených, konzervovaných alebo pražených)

- 2 avokáda, rozpolené, odkôstkované, olúpané a nakrájané na kocky

- 2 limetky, nakrájané na mesiačiky

Smery

a) V malej miske zmiešajte čili prášok, rascu, oregano, soľ a korenie. Bravčové mäso ochutíme zmesou korenia, dôkladne potrieme zo všetkých strán.

b) Vložte bravčové mäso, cesnak, cibuľu, pomarančový džús a limetkovú šťavu do pomalého hrnca. Prikryte a varte pri nízkej teplote 8 hodín alebo pri vysokej teplote 4 až 5 hodín.

c) Bravčové mäso vyberte zo sporáka a nakrájajte mäso. Vráťte ho do hrnca a premiešajte so šťavou; podľa potreby dochutíme soľou a korením. Prikryte a udržujte v teple ďalších 30 minút.

d) Vložte bravčové mäso, kel, paradajky, čierne fazule a kukuricu do nádob na prípravu jedla. Prikryté vydrží v chladničke 3 až 4 dni. Podávame s avokádom a kúskami limetky.

78. Chicagský hot dog šalát

Ingrediencie

- 2 lyžice extra panenského olivového oleja
- 1 ½ lyžice žltej horčice
- 1 lyžica červeného vínneho octu
- 2 lyžičky maku
- ½ lyžičky zelerovej soli
- Štipka cukru
- Košer soľ a čerstvo mleté čierne korenie podľa chuti
- 1 šálka quinoa
- 4 morčacie párky v rožku so zníženým obsahom tuku
- 3 šálky strúhaného detského kelu
- 1 šálka rozpolených cherry paradajok
- ⅓ šálky nakrájanej bielej cibule
- ¼ šálky športovej papriky
- 8 kôprových uhoriek

Smery

a) PRÍPRAVA VINAIGRETY: V strednej miske vyšľaháme olivový olej, horčicu, ocot, mak, zelerovú soľ a cukor. Dochutíme soľou a korením podľa chuti. Prikryte a dajte do chladničky na 3 až 4 dni.

b) Quinou uvarte podľa návodu na obale vo veľkom hrnci s 2 šálkami vody; odložiť.

c) Rozohrejte gril na stredne vysokú. Pridajte párky v rožku na gril a opekajte do zlatohneda a zo všetkých strán jemne zuhoľnatené, 4 až 5 minút. Necháme vychladnúť a nakrájame na kúsky veľkosti sústa.

d) Rozdeľte quinou, párky v rožku, paradajky, cibuľu a papriku do nádob na prípravu jedla. Vydrží v chlade 3 až 4 dni.

e) Ak chcete podávať, nalejte dresing na vrch šalátu a jemne premiešajte, aby sa spojil. Ihneď podávajte, podľa potreby ozdobené nálevom.

79. Rybie taco misky

Ingrediencie

Limetkový dresing z koriandra

- 1 šálka voľne zabaleného koriandra, stonky odstránené
- ½ šálky gréckeho jogurtu
- 2 strúčiky cesnaku,
- Šťava z 1 limetky
- Štipka kóšer soli
- ¼ šálky extra panenského olivového oleja
- 2 lyžice jablčného octu

Tilapia

- 3 lyžice nesoleného masla, rozpusteného
- 3 strúčiky cesnaku, mleté
- Nastrúhaná kôra z 1 limetky
- 2 polievkové lyžice čerstvo vylisovanej limetkovej šťavy alebo viac podľa chuti
- 4 filé tilapie (4 unce).
- Košer soľ a čerstvo mleté čierne korenie podľa chuti
- ⅔ šálky quinoa

- 2 šálky strúhaného kelu
- 1 šálka strúhanej červenej kapusty
- 1 šálka kukuričných zŕn (konzervovaných alebo pražených)
- 2 slivkové paradajky, nakrájané na kocky
- $\frac{1}{4}$ šálky drvených tortillových lupienkov
- 2 polievkové lyžice nasekaných čerstvých listov koriandra

Smery

a) NA DRESING: Zmiešajte koriandr, jogurt, cesnak, limetkovú šťavu a soľ v miske kuchynského robota. Pri bežiacom motore pomalým prúdom pridávajte olivový olej a ocot, kým nezomulgujú. Prikryte a dajte do chladničky na 3 až 4 dni.

b) PRE TILAPII: Predhrejte rúru na 425 stupňov F. Misku na pečenie s rozmermi 9 x 13 palcov zľahka naolejujte alebo potrite nepriľnavým sprejom.

c) V malej miske vyšľaháme maslo, cesnak, limetkovú kôru a limetkovú šťavu. Tilapiu osolíme, okoreníme a vložíme do pripravenej zapekacej misy. Polejte maslovou zmesou.

d) Pečte, kým sa ryba ľahko nelúpa vidličkou, 10 až 12 minút.

e) Quinou uvarte podľa návodu na obale vo veľkom hrnci s 2 šálkami vody. Necháme vychladnúť.

f) Rozdeľte quinou do nádob na prípravu jedla. Navrch dajte tilapiu, kel, kapustu, kukuricu, paradajky a tortillové lupienky.

g) Na servírovanie pokvapkajte koriandrovým limetkovým dresingom, podľa potreby ozdobeným koriandrom.

80. Zberový šalát z cobb

Ingrediencie

Zálievka z maku

- ¼ šálky 2% mlieka
- 3 lyžice olivového oleja majonéza
- 2 lyžice gréckeho jogurtu
- 1 ½ lyžice cukru alebo viac podľa chuti
- 1 lyžica jablčného octu
- 1 lyžica maku
- 2 lyžice olivového oleja

Šalát

- 16 uncí maslovej tekvice nakrájanej na 1-palcové kúsky
- 16 uncí ružičkového kelu, na polovicu
- 2 vetvičky čerstvého tymiánu
- 5 čerstvých listov šalvie
- Košer soľ a čerstvo mleté čierne korenie podľa chuti
- 4 stredné vajcia
- 4 plátky slaniny, nakrájané na kocky

- 8 šálok strúhaného kelu
- 1 ⅓ šálky varenej divokej ryže

Smery

a) NA DRESINKU: V malej miske vyšľaháme mlieko, majonézu, jogurt, cukor, ocot a mak. Zakryte a nechajte v chladničke maximálne 3 dni.

b) Predhrejte rúru na 400 stupňov F. Plech na pečenie zľahka naolejujte alebo natrite nepriľnavým sprejom.

c) Na pripravený plech poukladáme tekvicu a ružičkový kel. Pridajte olivový olej, tymian a šalviu a jemne premiešajte; dochutíme soľou a korením. Položte na rovnomernú vrstvu a pečte, raz otočte, 25 až 30 minút, kým nezmäkne; odložiť.

d) Medzitým vložte vajcia do veľkého hrnca a zakryte ich studenou vodou o 1 palec. Priveďte do varu a varte 1 minútu. Hrniec prikryte tesne priliehajúcim vekom a odstráňte z tepla; necháme 8 až 10 minút odležať. Pred šúpaním a krájaním dobre sceďte a nechajte vychladnúť.

e) Zohrejte veľkú panvicu na stredne vysokú teplotu. Pridajte slaninu a varte do hneda a chrumkava, 6 až 8 minút; vypustite prebytočnú misku. Preneste na tanier vystlaný papierovou utierkou; odložiť.

f) Na zostavenie šalátov vložte kel do nádob na prípravu jedla; navrch poukladajte riadky tekvice, ružičkového kelu, slaniny, vajec a divokej ryže. Prikryté vydrží v chladničke 3 až 4 dni. Podávame s makovým dresingom.

81. Buffalo karfiolový cobb šalát

Ingrediencie

- 3-4 šálky ružičiek karfiolu
- 1 15 oz. cícer z konzervy scedíme, prepláchneme a osušíme
- 2 lyžičky avokádového oleja
- ½ lyžičky papriky
- ½ lyžičky morskej soli
- ½ šálky omáčky z byvolích krídel
- 4 šálky čerstvej rímskej, nakrájanej
- ½ šálky zeleru, nakrájaného
- ¼ šálky červenej cibule, nakrájanej na plátky
- Krémový dresing Vegan Ranch:
- ½ šálky surových kešu, namočených 3-4 hodiny alebo cez noc
- ½ šálky čerstvej vody
- 2 lyžičky sušeného kôpru
- 1 lyžička cesnakového prášku
- 1 lyžička cibuľového prášku
- ½ lyžičky morskej soli
- štipka čierneho korenia

Smery

a) Nastavte rúru na 450 °F.
b) Pridajte karfiol, cícer, olej, korenie a soľ do veľkej misy a premiešajte, aby sa obalili.
c) Nalejte zmes na plech alebo kameň. Pražíme 20 minút. Vyberte plech na pečenie z rúry, nalejte zmes byvolou omáčkou a premiešajte, aby sa obalila. Pražte ďalších 10-15 minút alebo kým cícer nie je chrumkavý a karfiol sa nepraží podľa vašich predstáv. Vyberte z rúry.
d) Pridajte namočené a odkvapkané kešu oriešky do vysokovýkonného mixéra alebo kuchynského robota s 1/2 šálkou vody, kôprom, cesnakovým práškom, cibuľovým práškom, soľou a korením. Miešajte do hladka.
e) Vezmite dve šalátové misy a do každej misky pridajte 2 šálky nakrájanej rímskej rasce, 1/4 šálky zeleru a 1/8 šálky cibule. Navrch dáme pečený byvolí karfiol a cícer. Pokvapkajte dresingom a užívajte si!

82. Mason jar misky na repu a ružičkový kel

Ingrediencie

- 3 stredné repy (asi 1 libra)
- 1 lyžica olivového oleja
- Košer soľ a čerstvo mleté čierne korenie podľa chuti
- 1 šálka farro
- 4 šálky baby špenátu alebo kelu
- 2 šálky ružičkového kelu (asi 8 uncí), nakrájané na tenké plátky
- 3 klementínky, ošúpané a nasekané
- ½ šálky pekanových orechov, opečených
- ½ šálky semien granátového jablka

Medovo-dijonský vinaigrett z červeného vína

- ¼ šálky extra panenského olivového oleja
- 2 lyžice červeného vínneho octu
- ½ šalotky, mletej
- 1 lyžica medu
- 2 lyžičky celozrnnej horčice
- Košer soľ a čerstvo mleté čierne korenie podľa chuti

Smery

a) Predhrejte rúru na 400 stupňov F. Plech na pečenie vyložte fóliou.

b) Položte repu na alobal, pokvapkajte olivovým olejom a dochuťte soľou a korením. Zložte všetky 4 strany fólie a vytvorte vrecko. Pečieme, kým nezmäkne, 35 až 45 minút; necháme vychladnúť, asi 30 minút.

c) Pomocou čistej papierovej utierky potrite repu, aby ste odstránili šupku; nakrájajte na kúsky veľkosti sústa.

d) Farro uvaríme podľa návodu na obale, potom necháme vychladnúť.

e) Rozdeľte repu do 4 (32 uncí) sklenených pohárov so širokým hrdlom s viečkami. Navrch dajte špenát alebo kel, farro, ružičkový kel, klementínky, pekanové orechy a semienka granátového jablka. Prikryté vydrží v chladničke 3 až 4 dni.

f) NA VINAIGRETU: Zmiešajte olivový olej, ocot, šalotku, med, horčicu a 1 polievkovú lyžicu vody; dochutíme soľou a korením podľa chuti. Zakryte a nechajte v chladničke maximálne 3 dni.

g) Ak chcete podávať, pridajte vinaigrette do každej nádoby a pretrepte. Ihneď podávajte.

83. Mason jar brokolicový šalát

Ingrediencie

- 3 polievkové lyžice 2% mlieka
- 2 lyžice olivového oleja majonéza
- 2 lyžice gréckeho jogurtu
- 1 polievková lyžica cukru alebo viac podľa chuti
- 2 čajové lyžičky jablčného octu
- ½ šálky kešu orieškov
- ¼ šálky sušených brusníc
- ½ šálky červenej cibule nakrájanej na kocky
- 2 unce syra čedar, nakrájaného na kocky
- 5 šálok nahrubo nakrájaných ružičiek brokolice

Smery

a) NA DRESINKU: V malej miske vyšľaháme mlieko, majonézu, jogurt, cukor a ocot.

b) Dresing rozdeľte do 4 (16-uncových) sklenených pohárov so širokým hrdlom s viečkami. Navrch dajte kešu, brusnice, cibuľku, syr a brokolicu. Uložte do chladničky na 3 dni.

c) Pri podávaní pretrepte obsah pohára a ihneď podávajte.

84. Mason jar kurací šalát

Ingrediencie

- 2 ½ šálky zvyšného strúhaného kuracieho mäsa
- ½ šálky gréckeho jogurtu
- 2 lyžice olivového oleja majonéza
- ¼ šálky červenej cibule nakrájanej na kocky
- 1 stonkový zeler, nakrájaný na kocky
- 1 polievková lyžica čerstvo vytlačenej citrónovej šťavy alebo viac podľa chuti
- 1 lyžička nasekaného čerstvého estragónu
- ½ lyžičky dijonskej horčice
- ½ lyžičky cesnakového prášku
- Košer soľ a čerstvo mleté čierne korenie podľa chuti
- 4 šálky strúhaného kelu
- 2 jablká Granny Smith zbavené jadier a nakrájané
- ½ šálky kešu orieškov
- ½ šálky sušených brusníc

Smery

a) Vo veľkej miske zmiešajte kuracie mäso, jogurt, majonézu, červenú cibuľu, zeler, citrónovú šťavu, estragón, horčicu a cesnakový prášok; dochutíme soľou a korením podľa chuti.

b) Kuraciu zmes rozdeľte do 4 (24 uncových) sklenených pohárov so širokým hrdlom s viečkami. Navrch dáme kel, jablká, kešu oriešky a brusnice. Uložte do chladničky na 3 dni.

c) Pri podávaní pretrepte obsah pohára a ihneď podávajte.

85. Mason jar Čínsky kurací šalát

Ingrediencie

- ½ šálky ryžového vínneho octu
- 2 strúčiky cesnaku, prelisované
- 1 lyžica sezamového oleja
- 1 polievková lyžica čerstvo nastrúhaného zázvoru
- 2 lyžičky cukru alebo viac podľa chuti
- ½ lyžičky sójovej omáčky so zníženým obsahom sodíka
- 2 zelené cibule, nakrájané na tenké plátky
- 1 lyžička sezamových semienok
- 2 mrkvy, olúpané a nastrúhané
- 2 šálky anglickej uhorky nakrájanej na kocky
- 2 šálky strúhanej fialovej kapusty
- 12 šálok nasekaného kelu
- 1 ½ šálky zvyšného kurčaťa nakrájaného na kocky
- 1 šálka wontonových prúžkov

Smery

a) NA VINAIGRETU: V malej miske vyšľaháme ocot, cesnak, sezamový olej, zázvor, cukor a sójovú omáčku. Rozdeľte dresing do 4 (32 uncí) sklenených pohárov so širokým hrdlom s viečkami.

b) Navrch dajte zelenú cibuľku, sezamové semienka, mrkvu, uhorku, kapustu, kel a kuracie mäso. Uložte do chladničky na 3 dni. Pásy wonton skladujte oddelene.

c) Pri podávaní pretrepte obsah pohára a pridajte prúžky wonton. Ihneď podávajte.

86. Mason jar niçoise šalát

Ingrediencie

- 2 stredné vajcia
- 2 ½ šálky zelenej fazule nakrájanej na polovicu
- 3 (7-uncové) plechovky tuniaka dlhoplutvého zabalené vo vode, scedené a opláchnuté
- ¼ šálky extra panenského olivového oleja
- 2 lyžice červeného vínneho octu
- 2 lyžice červenej cibule nakrájanej na kocky
- 2 lyžice nasekanej čerstvej petržlenovej vňate
- 1 polievková lyžica nasekaných čerstvých listov estragónu
- 1 ½ lyžičky dijonskej horčice
- Košer soľ a čerstvo mleté čierne korenie podľa chuti
- 1 šálka rozpolených cherry paradajok
- 4 šálky natrhaného maslového šalátu
- 3 šálky listov rukoly
- 12 olív Kalamata
- 1 citrón, nakrájaný na kolieska (voliteľné)

Smery

a) Vložte vajcia do veľkej panvice a zakryte studenou vodou o 1 palec. Priveďte do varu a varte 1 minútu. Hrniec prikryte tesne priliehajúcim vekom a odstráňte z ohňa; necháme 8 až 10 minút postáť.

b) Medzitým vo veľkom hrnci s vriacou osolenou vodou blanšírujte zelenú fazuľku do jasne zelenej farby, asi 2 minúty. Scedíme a ochladíme v miske s ľadovou vodou. Dobre sceďte. Pred ošúpaním a rozrezaním vajec pozdĺžne na polovicu sceďte vajcia a nechajte ich vychladnúť.

c) Vo veľkej miske zmiešajte tuniaka, olivový olej, ocot, cibuľu, petržlen, estragón a Dijon, kým sa nespojí; dochutíme soľou a korením podľa chuti.

d) Rozdeľte zmes tuniaka do 4 (32 uncí) sklenených pohárov so širokým hrdlom s viečkami. Navrch položte zelené fazuľky, vajcia, paradajky, maslový šalát, rukolu a olivy. Uložte do chladničky na 3 dni.

e) Pri podávaní pretrepte obsah pohára. Podávajte ihneď, ak chcete, s kúskami citróna.

87. Misky pikantného tuniaka

Ingrediencie

- 1 šálka dlhozrnnej hnedej ryže
- 3 lyžice olivového oleja majonéza
- 3 lyžice gréckeho jogurtu
- 1 lyžica omáčky sriracha alebo viac podľa chuti
- 1 lyžica limetkovej šťavy
- 2 čajové lyžičky sójovej omáčky so zníženým obsahom sodíka
- 2 (5-uncové) plechovky tuniaka dlhoplutvého, scedené a opláchnuté
- Košer soľ a čerstvo mleté čierne korenie podľa chuti
- 2 šálky strúhaného kelu
- 1 lyžica opečených sezamových semienok
- 2 čajové lyžičky praženého sezamového oleja
- 1 ½ šálky anglickej uhorky nakrájanej na kocky
- ½ šálky nakladaného zázvoru
- 3 zelené cibule, nakrájané na tenké plátky
- ½ šálky strúhaného pečeného nori

Smery

a) Ryžu uvarte podľa návodu na obale v 2 šálkach vody v strednom hrnci; odložiť.

b) V malej miske vyšľaháme majonézu, jogurt, srirachu, limetkovú šťavu a sójovú omáčku. Do druhej misky nalejte 2 polievkové lyžice majonézovej zmesi, prikryte a dajte do chladničky. Tuniaka vmiešajte do zvyšnej zmesi majonézy a jemne premiešajte, aby sa spojil; dochutíme soľou a korením podľa chuti.

c) V strednej miske zmiešajte kel, sezamové semienka a sezamový olej; dochutíme soľou a korením podľa chuti.

d) Rozdeľte ryžu do nádob na prípravu jedla. Navrch dáme zmes tuniaka, kapustovú zmes, uhorku, zázvor, zelenú cibuľku a nori. Uložte do chladničky na 3 dni.

e) Na podávanie pokvapkáme majonézovou zmesou.

88. Steak cobb šalát

Balzamikový vinaigrette

- 3 lyžice extra panenského olivového oleja
- 4 ½ lyžičky balzamikového octu
- 1 strúčik cesnaku, prelisovaný
- 1 ½ lyžičky sušených petržlenových vločiek
- ¼ lyžičky sušenej bazalky
- ¼ lyžičky sušeného oregana

Šalát

- 4 stredné vajcia
- 1 lyžica nesoleného masla
- 12 uncový steak
- 2 lyžice olivového oleja
- Košer soľ a čerstvo mleté čierne korenie podľa chuti
- 8 šálok baby špenátu
- 2 šálky cherry paradajok, rozpolené
- ½ šálky pekanových polovíc
- ½ šálky rozdrobeného syra feta so zníženým obsahom tuku

Smery

a) NA BALZAMIKOVÚ VINAIGRETU: V strednej miske vyšľahajte olivový olej, balzamikový ocot, cukor, cesnak, petržlenovú vňať, bazalku, oregano a horčicu (ak ju používate). Zakryte a nechajte v chladničke maximálne 3 dni.

b) Vložte vajcia do veľkej panvice a zakryte studenou vodou o 1 palec. Priveďte do varu a varte 1 minútu. Hrniec prikryte tesne priliehajúcim vekom a odstráňte z tepla; necháme 8 až 10 minút odležať. Pred šúpaním a krájaním dobre sceďte a nechajte vychladnúť.

c) Maslo roztopte vo veľkej panvici na stredne vysokej teplote. Pomocou papierových utierok osušte obe strany steaku. Pokvapkáme olivovým olejom a dochutíme soľou a korením. Pridajte steak na panvicu a opečte ho, jedenkrát otočte, kým nie je prepečený na požadovanú opečenie, 3 až 4 minúty na každej strane pre stredne pečené. Pred krájaním na kúsky veľkosti sústa nechajte 10 minút odpočívať.

d) Na zostavenie šalátov vložte špenát do nádob na prípravu jedla; na vrch poukladajte usporiadané rady steaku, vajec, paradajok, pekanových orechov a fety. Zakryte a nechajte v chladničke maximálne 3 dni. Podávajte s balzamikovým vinaigrette alebo požadovaným dresingom.

89. Výživné misky zo sladkých zemiakov

Ingrediencie

- 2 stredné sladké zemiaky, olúpané a nakrájané na 1-palcové kúsky

- 3 polievkové lyžice extra panenského olivového oleja, rozdelené

- ½ lyžičky údenej papriky

- Košer soľ a čerstvo mleté čierne korenie podľa chuti

- 1 šálka farro

- 1 zväzok lacinato kapusty, strúhaný

- 1 polievková lyžica čerstvo vylisovanej citrónovej šťavy

- 1 šálka strúhanej červenej kapusty

- 1 šálka rozpolených cherry paradajok

- ¾ šálky chrumkavých fazuliek Garbanzo

- 2 avokáda, rozpolené, odkôstkované a olúpané

Smery

a) Predhrejte rúru na 400 stupňov F. Plech vyložte papierom na pečenie.

b) Sladké zemiaky položte na pripravený plech. Pridajte 1 ½ lyžice olivového oleja a papriky, dochuťte soľou a korením a jemne premiešajte, aby sa spojili. Usporiadajte v jednej vrstve a pečte 20 až 25 minút, raz otočte, kým sa ľahko prepichnú vidličkou.

c) Farro uvarte podľa návodu na obale; odložiť.

d) Zmiešajte kel, citrónovú šťavu a zvyšnú 1 ½ lyžice olivového oleja v strednej miske. Masírujte kel, kým sa dobre nespojí, a dochuťte soľou a korením podľa chuti.

e) Rozdeľte farro do nádob na prípravu jedla. Navrch dajte sladké zemiaky, kapustu, paradajky a chrumkavé garbanzo. Uložte do chladničky na 3 dni. Podávame s avokádom.

90. Thajské kuracie buddhove misky

Ingrediencie

Pikantná arašidová omáčka

- 3 lyžice krémového arašidového masla
- 2 polievkové lyžice čerstvo vylisovanej limetkovej šťavy
- 1 polievková lyžica sójovej omáčky so zníženým obsahom sodíka
- 2 čajové lyžičky tmavohnedého cukru
- 2 čajové lyžičky sambal oelek (mletá čerstvá čili pasta)

Šalát

- 1 šálka farro
- ¼ šálky kuracieho vývaru
- 1 ½ lyžice sambal oelek (mletá čerstvá čili pasta)
- 1 polievková lyžica svetlohnedého cukru
- 1 polievková lyžica čerstvo vylisovanej limetkovej šťavy
- 1 libra vykostených kuracích pŕs bez kože, nakrájané na 1-palcové kúsky
- 1 lyžica kukuričného škrobu
- 1 lyžica rybacej omáčky

- 1 lyžica olivového oleja
- 2 strúčiky cesnaku, mleté
- 1 šalotka, mletá
- 1 polievková lyžica čerstvo nastrúhaného zázvoru
- Košer soľ a čerstvo mleté čierne korenie podľa chuti
- 2 šálky strúhaného kelu
- 1 ½ šálky strúhanej fialovej kapusty
- 1 šálka fazuľových klíčkov
- 2 mrkvy, olúpané a nastrúhané
- ½ šálky čerstvých listov koriandra
- ¼ šálky pražených arašidov

Smery

a) NA ARAŠIDOVÚ OMÁČKU: V malej miske vyšľaháme arašidové maslo, limetkovú šťavu, sójovú omáčku, hnedý cukor, sambal oelek a 2 až 3 lyžice vody. Zakryte a nechajte v chladničke maximálne 3 dni.

b) Farro uvarte podľa návodu na obale; odložiť.

c) Kým sa farro varí, v malej miske vyšľaháme vývar, sambal oelek, hnedý cukor a limetkovú šťavu; odložiť.

d) Vo veľkej miske zmiešajte kurča, kukuričný škrob a rybiu omáčku, premiešajte a nechajte kura niekoľko minút absorbovať kukuričný škrob.

e) Zohrejte olivový olej vo veľkej panvici na strednom ohni. Pridajte kuracie mäso a varte dozlatista, 3 až 5 minút. Pridajte cesnak, šalotku a zázvor a pokračujte vo varení za častého miešania, kým nezavonia, asi 2 minúty. Vmiešame vývar a varíme do mierneho zhustnutia, asi 1 minútu. Dochutíme soľou a korením podľa chuti.

f) Rozdeľte farro do nádob na prípravu jedla. Navrch dajte kuracie mäso, kel, kapustu, fazuľové klíčky, mrkvu, koriander a arašidy. Prikryté vydrží v chladničke 3 až 4 dni. Podávajte s pikantnou arašidovou omáčkou.

91. Thajské arašidové kuracie zábaly

Ingrediencie

Kokosová kari arašidová omáčka

- ¼ šálky svetlého kokosového mlieka
- 3 lyžice krémového arašidového masla
- 1 ½ lyžice ochuteného ryžového vínneho octu
- 1 polievková lyžica sójovej omáčky so zníženým obsahom sodíka
- 2 čajové lyžičky tmavohnedého cukru
- 1 lyžička čili cesnakovej omáčky
- ¼ lyžičky žltého kari

Obal

- 2 ½ šálky zvyšného kurčaťa nakrájaného na kocky
- 2 šálky strúhanej kapusty Napa
- 1 šálka na tenké plátky nakrájanej červenej papriky
- 2 mrkvy, olúpané a nakrájané na zápalky
- 1 ½ lyžice čerstvo vylisovanej limetkovej šťavy
- 1 lyžica majonézy olivového oleja
- Košer soľ a čerstvo mleté čierne korenie podľa chuti

- 3 unce smotanového syra so zníženým obsahom tuku pri izbovej teplote
- 1 lyžička čerstvo nastrúhaného zázvoru
- 4 (8-palcové) tortilla zábaly zo sušených paradajok

Smery

a) NA KOKOSOVO ARUŠOVÚ OMÁČKU KARÍ: V malej miske vyšľaháme kokosové mlieko, arašidové maslo, ryžový vínny ocot, sójovú omáčku, hnedý cukor, chilli cesnakovú omáčku a kari. Odložte 3 polievkové lyžice na kurča; zvyšok ochlaďte, kým nie je pripravený na podávanie.

b) Vo veľkej miske kombinujte kurča a 3 polievkové lyžice arašidovej omáčky a miešajte, kým sa obalí.

c) V strednej miske zmiešajte kapustu, papriku, mrkvu, limetkovú šťavu a majonézu; dochutíme soľou a korením podľa chuti.

d) V malej miske zmiešajte smotanový syr a zázvor; dochutíme soľou a korením podľa chuti.

e) Rozložte zmes smotanového syra rovnomerne na tortilly a nechajte okraj 1 palca. Navrch dáme kura a kapustovú zmes. Zložte strany asi o 1 palec a potom zospodu pevne zrolujte. Prikryté vydrží v chladničke 3 až 4 dni. Každý zábal podávajte s kokosovou kari arašidovou omáčkou.

92. Morčacie špenátové veterníky

Ingrediencie

- 1 plátok syra čedar
- 2 unce na tenké plátky nakrájané morčacie prsia
- ½ šálky baby špenátu
- 1 (8-palcová) špenátová tortilla
- 6 baby mrkvy
- ¼ šálky hrozna
- 5 plátkov uhorky

Smery

a) Do stredu tortilly položte syr, morku a špenát. Spodný okraj tortilly priložte tesne na špenát a preložte boky. Zrolujte, kým nedosiahnete vrch tortilly. Nakrájame na 6 veterníkov.

b) Vložte veterníky, mrkvu, hrozno a plátky uhorky do nádoby na prípravu jedla. Uchováva sa prikryté v chladničke 2 až 3 dni.

93. Morčací taco šalát

Ingrediencie

- 1 lyžica olivového oleja
- 1 ½ libry mletého moriaka
- 1 (1,25 unca) balenie taco korenia
- 8 šálok strúhaného rímskeho šalátu
- ½ šálky pico de gallo (domáce alebo z obchodu)
- ½ šálky gréckeho jogurtu
- ½ šálky strúhanej zmesi mexického syra
- 1 limetka, nakrájaná na mesiačiky

Smery

a) Vo veľkej panvici zohrejte olivový olej na stredne vysokú teplotu. Pridajte mletú morku a varte, kým nezhnedne, 3 až 5 minút, pričom dbajte na to, aby sa mäso počas varenia drobilo; vmiešame taco korenie. Prebytočnú misku sceďte.

b) Rímsky šalát vložte do sendvičových vrecúšok. Umiestnite pico de gallo, jogurt a syr do samostatných 2-uncových pohárov Jell-O-shot s viečkami. Dajte to všetko – morku, rímsku rascu, pico de gallo, jogurt, syr a plátky limetky – do nádob na prípravu jedla.

94. Veľmi zelený murovaný šalátový pohár

Ingrediencie

- ¾ šálky perličkového jačmeňa
- 1 šálka čerstvej bazalky
- ¾ šálky 2% gréckeho jogurtu
- 2 zelené cibule, nakrájané
- 1 ½ lyžice čerstvo vylisovanej limetkovej šťavy
- 1 strúčik cesnaku, olúpaný
- Košer soľ a čerstvo mleté čierne korenie podľa chuti
- ½ anglickej uhorky, nahrubo nakrájanej
- 1 libra (4 malé) cukety, špirálovito
- 4 šálky strúhaného kelu
- 1 šálka mrazeného zeleného hrášku, rozmrazeného
- ½ šálky rozdrobeného syra feta so zníženým obsahom tuku
- ½ šálky hráškových výhonkov
- 1 limetka, nakrájaná na mesiačiky (voliteľné)

Smery

a) Jačmeň uvarte podľa návodu na obale; necháme úplne vychladnúť a odstavíme.

b) Na prípravu dresingu kombinujte bazalku, jogurt, zelenú cibuľku, limetkovú šťavu a cesnak v miske kuchynského robota a dochuťte soľou a korením. Pulzujte do hladka, približne 30 sekúnd až 1 minútu.

c) Rozdeľte dresing do 4 (32-unc) sklenených pohárov so širokým hrdlom s viečkami. Navrch dajte uhorku, cuketové rezance, jačmeň, kel, hrášok, fetu a hráškové výhonky. Uložte do chladničky na 3 dni.

d) Ak chcete podávať, pretrepte obsah v pohári. Podávajte ihneď, ak chcete, s kúskami limetky.

95. Cuketové misky na jarné závitky

Ingrediencie

- 3 lyžice krémového arašidového masla
- 2 polievkové lyžice čerstvo vylisovanej limetkovej šťavy
- 1 polievková lyžica sójovej omáčky so zníženým obsahom sodíka
- 2 čajové lyžičky tmavohnedého cukru
- 2 čajové lyžičky sambal oelek (mletá čerstvá čili pasta)
- 1-libra stredne veľké krevety, olúpané a zbavené
- 4 stredné cukety, špirálovité
- 2 veľké mrkvy, olúpané a nastrúhané
- 2 šálky strúhanej fialovej kapusty
- ⅓ šálky čerstvých listov koriandra
- ⅓ šálky lístkov bazalky
- ¼ šálky lístkov mäty
- ¼ šálky nasekaných pražených arašidov

Smery

a) NA ARAŠIDOVÚ OMÁČKU: V malej miske vyšľaháme arašidové maslo, limetkovú šťavu, sójovú omáčku, hnedý cukor, sambal oelek a 2 až 3 lyžice vody. Uchovávajte v chladničke až 3 dni, kým nie je pripravený na podávanie.

b) Vo veľkom hrnci s vriacou osolenou vodou uvaríme krevety do ružova, asi 3 minúty. Scedíme a ochladíme v miske s ľadovou vodou. Dobre sceďte.

c) Rozdeľte cuketu do nádob na prípravu jedla. Navrch dajte krevety, mrkvu, kapustu, koriander, bazalku, mätu a arašidy. Prikryté vydrží v chladničke 3 až 4 dni. Podávajte s pikantnou arašidovou omáčkou.

MRAZNIČNÉ JEDLÁ

96. Orieškové tekvicové lievance

Ingrediencie

- 4 šálky strúhanej maslovej tekvice
- ⅓ šálky bielej celozrnnej múky
- 2 strúčiky cesnaku, mleté
- 2 veľké vajcia, rozšľahané
- ½ lyžičky sušeného tymiánu
- ¼ lyžičky sušenej šalvie
- Štipka muškátového orieška
- Košer soľ a čerstvo mleté čierne korenie podľa chuti
- 2 lyžice olivového oleja
- ¼ šálky gréckeho jogurtu (voliteľné)
- 2 lyžice nasekanej čerstvej pažítky (voliteľné)

Smery

a) Vo veľkej mise zmiešajte tekvicu, múku, cesnak, vajcia, tymian, šalviu a muškátový oriešok; dochutíme soľou a korením.

b) Vo veľkej panvici zohrejte olivový olej na stredne vysokú teplotu. V dávkach naberajte asi 2 polievkové lyžice cesta na každé lievance, pridajte na panvicu a zarovnajte stierkou. Varte, kým nie sú spodné strany pekne zlatohnedé, asi 2 minúty. Otočte a opečte z druhej strany o 1 až 2 minúty dlhšie. Preložíme na papierovou utierkou vystlaný tanier.

c) Ihneď podávajte, ak chcete, s gréckym jogurtom a pažítkou.

d) ZMRZNIŤ: Uvarené lievance položte na plech v jednej vrstve; pevne prikryte plastovým obalom a zmrazte cez noc. Preneste do mraziacich vreciek a skladujte v mrazničke až 3 mesiace. Keď je pripravený na servírovanie, pečte pri 350 stupňoch F asi 10 až 15 minút, kým sa nezohreje a v polovici sa obráti. Preložíme na papierovou utierkou vystlaný tanier.

97. Mrkvová zázvorová polievka

Ingrediencie

- 2 kilové mrkvy, olúpané a nakrájané
- 1 sladký zemiak, ošúpaný a nakrájaný
- 1 sladká cibuľa, nakrájaná
- 3 strúčiky cesnaku
- 1 (¾-palcový) kúsok čerstvého zázvoru, olúpaný a nakrájaný na plátky
- 1 lyžička údenej papriky
- 2 bobkové listy
- 6 šálok zeleninového vývaru a podľa potreby viac
- Košer soľ a čerstvo mleté čierne korenie podľa chuti
- ⅓ šálky čerstvých listov koriandra
- ¼ šálky čerstvých lístkov mäty
- 2 polievkové lyžice čerstvo vylisovanej limetkovej šťavy
- ⅓ šálky hustej smotany
- ¼ lyžičky údenej papriky (voliteľné)

Smery

a) Zmiešajte mrkvu, sladké zemiaky, cibuľu, cesnak, zázvor, papriku, bobkový list a vývar vo veľkej holandskej peci; dochutíme soľou a korením.

b) Priviesť do varu; znížte teplotu a varte, kým mrkva nezmäkne, 25 až 30 minút. Vmiešame koriandr, mätu a limetkovú šťavu. Bobkové listy zlikvidujte.

c) Rozmixujte ponorným mixérom na požadovanú konzistenciu. Ak je polievka príliš hustá, podľa potreby dolejeme vývar.

d) Vmiešame smotanu a varíme, kým sa nezahreje, asi 2 minúty. Ihneď podávame, podľa potreby ozdobené paprikou.

e) ZMRAZENIE: Vynechajte smotanu, kým nebude pripravená na podávanie. Vychladnutú polievku naporciujte do mraziacich vrecúšok na zips a vrecúška položte naplocho v jednej vrstve do mrazničky. Na servírovanie pridajte smotanu a zohrievajte na miernom ohni za občasného miešania, kým sa neprehreje.

98. Syrový kastról s kuracím mäsom a brokolicou

Ingrediencie

- 1 (6 uncový) balíček zmes dlhozrnnej a divokej ryže
- 3 lyžice nesoleného masla
- 3 strúčiky cesnaku, mleté
- 1 cibuľa, nakrájaná na kocky
- 2 šálky krémových húb nakrájaných na štvrtiny
- 1 stonkový zeler, nakrájaný na kocky
- ½ lyžičky sušeného tymiánu
- 1 lyžica univerzálnej múky
- ¼ šálky suchého bieleho vína
- 1 ¼ šálky kuracieho vývaru
- Košer soľ a čerstvo mleté čierne korenie podľa chuti
- 3 šálky ružičiek brokolice
- ½ šálky kyslej smotany
- 2 šálky zvyšného strúhaného kurčaťa
- 1 šálka strúhaného syra čedar so zníženým obsahom tuku, rozdelená
- 2 lyžice nasekanej čerstvej petržlenovej vňate (voliteľné)

Smery

a) Predhrejte rúru na 375 stupňov F.

b) Ryžovú zmes uvarte podľa návodu na obale; odložiť.

c) Maslo rozpustite vo veľkej panvici na stredne vysokej teplote. Pridajte cesnak, cibuľu, šampiňóny a zeler a varte za občasného miešania do mäkka 3 až 4 minúty. Vmiešame tymián a varíme do rozvoňania, asi 1 minútu.

d) Zašľaháme múku, kým jemne nezhnedne, asi 1 minútu. Postupne prišľaháme víno a vývar. Varte za stáleho šľahania, kým mierne nezhustne, 2 až 3 minúty; dochutíme soľou a korením podľa chuti.

e) Vmiešajte brokolicu, kyslú smotanu, kuracie mäso, ½ šálky syra a ryžu. Ak kastról zmrazujete na neskoršie použitie, zastavte sa tu a prejdite na krok 7. V opačnom prípade posypte zvyšnou ½ šálky syra.

f) Panvicu preložíme do rúry a pečieme, kým kastról nezhustne a nezahreje sa, 20 až 22 minút. Ihneď podávajte, podľa potreby ozdobte petržlenovou vňaťou.

g) Zmraziť.

99. Tortillová polievka s kuracím mäsom a quinoou

Ingrediencie

Zapečené pásiky tortilly

- 4 kukuričné tortilly, nakrájané na tenké prúžky
- ½ čajovej lyžičky čili prášku alebo viac podľa chuti
- Košer soľ a čerstvo mleté čierne korenie podľa chuti
- 1 lyžica olivového oleja

polievka

- 1 libra kuracích pŕs bez kostí a kože
- Košer soľ a čerstvo mleté čierne korenie podľa chuti
- 3 strúčiky cesnaku, mleté
- 1 cibuľa, nakrájaná na kocky
- 1 zelená paprika, nakrájaná na kocky
- 2 lyžice paradajkovej pasty
- 1 polievková lyžica čili prášku
- 1 ½ lyžičky mletého kmínu
- 1 čajová lyžička sušeného oregana
- 8 šálok kuracieho vývaru

- 1 (28 uncí) plechovka nakrájaných paradajok
- 1 (15 uncí) plechovka čiernej fazule, scedená a prepláchnutá
- 1 ½ šálky kukuričných zŕn (mrazených, konzervovaných alebo pražených)
- ½ šálky quinoa
- Šťava z 1 limetky
- ½ šálky nasekaných čerstvých listov koriandra
- Voliteľné ozdoby: strúhaný syr čedar, mletá červená cibuľa, plátky jalapeño, lístky koriandra

Smery

a) PRE TORTILOVÉ PÁSKY: Predhrejte rúru na 375 stupňov F. Plech na pečenie zľahka naolejujte alebo natrite nepriľnavým sprejom.

b) Rozložte pásiky tortilly v jednej vrstve na pripravený plech; ochutíme čili práškom, soľou a korením a natrieme nelepivým sprejom. Pečieme do chrumkava a dozlatista, 10 až 12 minút, pričom do polovice miešame; odstavíme a necháme vychladnúť.

c) Zahrejte olivový olej vo veľkom hrnci alebo holandskej rúre na strednú teplotu. Kurča ochutíme soľou a korením. Pridajte kurča do hrnca a varte dozlatista, 2 až 3 minúty na každej strane; preložíme na tanier a odložíme bokom.

d) Pridajte cesnak, cibuľu a papriku do hrnca a varte za občasného miešania do mäkka 3 až 4 minúty. Vmiešajte paradajkovú pastu, čili prášok, rascu a oregano a varte, kým nezavonia, asi 1 minútu. Vmiešajte kurča spolu s vývarom, paradajkami, čiernou fazuľou a kukuricou. Priviesť do varu; znížte teplotu a dusíme bez pokrievky, kým kura nie je mäkké a uvarené, 20 až 25 minút. Vyberte kurča z hrnca a nakrájajte pomocou dvoch vidličiek.

e) Nastrúhané kurča vráťte do hrnca spolu s quinoou a dusíme odokryté, kým quinoa nezmäkne, 15 až 20 minút. Vmiešame limetkovú šťavu a koriandr a dochutíme soľou a korením podľa chuti.

f) Ihneď podávajte s upečenými pásikmi tortilly a podľa potreby s ďalšími ozdobami.

100. Morčacie tamale koláče s kukuričným chlebom

Ingrediencie

Plnenie

- 1 lyžica olivového oleja
- 1-libra mletých morčacích pŕs
- 2 strúčiky cesnaku, mleté
- 1 cibuľa, nakrájaná na kocky
- 1 stredná poblano paprika, zbavená semienok a nakrájaná na kocky
- 2 čajové lyžičky čili prášku
- 1 čajová lyžička sušeného oregana
- ¾ lyžičky mletého kmínu
- Košer soľ a čerstvo mleté čierne korenie podľa chuti
- 2 (14,5 unce) plechovky dusené paradajky na mexický spôsob
- 1 šálka kukuričných zŕn
- 2 polievkové lyžice nasekaných čerstvých listov koriandra

Cheddar-koriandrový kukuričný chlieb

- ½ šálky žltej kukuričnej múky
- ¼ šálky viacúčelovej múky

- 1 lyžička prášku do pečiva
- ¼ lyžičky kóšer soli
- ¾ šálky nízkotučného cmaru
- 1 veľké vajce
- 1 lyžica nesoleného masla, rozpusteného
- ¾ šálky strúhaného extra ostrého syra čedar
- ¼ šálky nasekaných čerstvých listov koriandra

Smery

a) Predhrejte rúru na 425 stupňov F. Zľahka naolejujte 6 (10 uncí) rámov alebo natrite nepriľnavým sprejom.

b) NA PLNKU: Olivový olej zohrejte vo veľkej panvici na stredne vysokej teplote. Pridajte mletú morku, cesnak, cibuľu a poblano. Varte, kým morka nezhnedne, 3 až 5 minút, pričom sa uistite, že sa morka počas varenia rozpadne. Vmiešajte čili prášok, oregano a rascu; dochutíme soľou a korením. Prebytočnú misku sceďte.

c) Vmiešajte paradajky a rozdeľte ich zadnou stranou lyžice. Priveďte do varu a vmiešajte kukuricu a koriandr. Zmes rozdeľte do pripravených zápražiek.

d) NA KURKU: Zmiešajte kukuričnú múku, múku, prášok do pečiva a soľ v strednej miske. Vo veľkej sklenenej odmerke alebo inej miske vyšľaháme cmar, vajce a maslo. Nalejte mokrú zmes na suché prísady a miešajte pomocou gumenej varechy, až kým nebude vlhká. Pridajte syr a koriandr a jemne premiešajte, aby sa spojili.

e) Plnku v ramekinoch naplňte zmesou na kôrky v rovnomernej vrstve. Uložíme na plech a pečieme do zlatista a stuhnutej kôrky, asi 25 minút. Pred podávaním necháme 10 minút vychladnúť, ozdobíme ďalšími lístkami koriandra.

f) ZMRZNIŤ: Kôru pripravte až v deň podávania. Plnku pripravte na koniec kroku 3, potom jednotlivé hrantíky pevne prikryte plastovou fóliou. Zmrazte až na 3 mesiace. Ak chcete podávať, odstráňte plastový obal. Rámy prikryte hliníkovou fóliou a pečte pri teplote 425 stupňov F počas 45 minút, kým pripravíte kôru. Odkryjeme ramekiny a navrch nasypeme kôrovú zmes. Pečte ďalších 20 až 30 minút, kým nie sú úplne upečené.

ZÁVER

Správne stravovanie neznamená len povedať nie nezdravým veciam – je to povedať áno rovnako chutným alternatívam, ktoré sú už pripravené a čakajú na vás.

www.ingramcontent.com/pod-product-compliance
Lightning Source LLC
Chambersburg PA
CBHW070642120526
44590CB00013BA/824